組織と仲間をこわす人、乱す人、活かす人

仕事は必ず誰かが見ている

平岡祥孝
Hiraoka Yoshiyuki

PHP新書

はじめに

働き方改革が叫ばれ、日本型経営の特徴の一つでもあった、新卒一括採用と終身雇用・年功序列型賃金制を抱き合わせた経営も急速に変革が迫られています。米国型の成果主義や能力主義が闊歩《かっぽ》する中で、効率性・生産性重視は当たり前となり、メンバーシップ型雇用からジョブ型雇用も、緩慢であっても時代の潮流となりつつあります。

その一方で、広く世の中を見渡すと、失われた三〇年といわれ、不平や不満が社会を静かに覆い、不安とストレスで、疲労というより疲弊がつづく日々……。確かにそれを知らないかのように、好調な日々を送る人たちも少なからずおられるわけで、二極化はいっそう明確に。しかもそれに拍車をかけるように、どこか知らないところで、誰が望んでいるのかと思われる制度がつくられ、その仕組みが押しつけられている感もありますね。

「なにかおかしいな」と思いつつも、時は駆け足で過ぎていく。そんな境遇にある方が結構おられるのではないでしょうか。

そうした中で、人材としての価値を上げたいなら、自分のキャリアは自己責任で形成していくように、との正義をふりかざした一方通告。「こんなはずではなかった」と、ミドルの恨み節や嘆き節も、あちらこちらから聞こえてきます。「誰がこんな社会にしたのか」「能力主義は上から入れろよ」と叫びたくなるのも人情か。

さらに追い打ちをかけるのは、ハラスメント根絶。もし、あのマルクスとエンゲルスが生きていたならば、「多数の妖怪が仕事の世界を徘徊している。それらはハラスメントである」と言って、即座に退場させられるのかもしれませんね。

「この程度なら、大丈夫だろう」は厳禁。昭和の指導は店仕舞い。部下の承認欲求の強弱に神経を使い、注意を払っても、心理的安全性が担保されない限り、彼・彼女からの「ホウレンソウ」（報告・連絡・相談）は絶対無理だそうです。

息苦しく、不愉快な職場は数知れず。果たして「働きがい改革」は何処に。けれども、「人は、ひとりでは生きてはいけない」と言われるように、どんな仕事も協働です。全知全能の神ではない人間が一人でできる仕事は、たかが知れています。いくらリーダーシップがあっても、フォロワーシップがなければ、目的達成は不可能です。

言うまでもなく組織の中で働くということは、組織を構成している人間相互の関係性の中で仕事をすること。となると、現在では表舞台から去った「人望」が、復活の時を迎えるかも。というのも、組織というものはおもしろいもので、順境では不要であって、壊《こわ》したり、かき回したりする人が、危機や衰退時には必要になったりします。業績好調な前の組織では人を育て活かすことができたリーダーも、次の組織では活かすどころか、つぶしてしまったという話もよくありますね。

人は人それぞれに事情があるものです。それを把握し、臨機応変かつ柔軟に対処することで百花繚乱の姿を目指すのが本来あるべき目標であるのは言うまでもないことです（それをダイバーシティ社会ともいうそうですね）。けれどもその実現に挑戦し、踏み出せるリーダーには、やはり「人望」が必要だと私は思うのです。

ではどうすると「人望」は得られるのでしょう。人は、外見や見た目で9割が判断されるなどと言われますが、ともに働き学び続ける仲間ともなれば、そうではないでしょう。

よい仕事、よい行いは誰かが必ず見てくれているものです（逆もしかりですが）。それが組織の評価と連動すれば望ましいですが、そうならないのが、理不尽なこの世の常。現実を素直に受け止め、よい意味で諦めて、なすべきことをなす。「陰徳《いんとく》を積む」とは昔の人もよく言ったものです。

そうした組織内での仲間との関係を好ましいものにする態度や心の姿勢をあらわす言葉が、日本語には数多くありますね。「敬意を払う」「礼を尽くす」「報恩感謝」「誠心誠意」「謙虚」「誠実」「篤実」「敬愛」「敬虔」「律儀」「丁寧」「忠義」「実直」「正直」「至誠」「真摯」「篤厚」……。「春風秋霜（春風を以って人に接し、秋霜を以って自ら慎む）」なんて境地に到達すれば、もう最高でしょう。

どんな世の中になっても、どんな組織で、どんな立場で働くとしても、自分と周りの仲間を活かせる人になれるよう、したたかに生きてゆきたいものですね。

2024年師走

平岡祥孝

組織と仲間をこわす人、乱す人、活かす人

仕事は必ず誰かが見ている

目次

1章 組織は上司と部下でできている

2章 よき組織経営への道

3章 仲間と生きる、社会の中で生きる

4章 これからのキャリア、それからのキャリア

1章

組織は上司と部下でできている

1　人望とは……

かつて職場を共にしていた大学教員の友人らと会食する機会がありました。そのときの話題の一つが「人望とは何か」でした。それぞれが年齢を重ねてきているので、各自の教員経験を踏まえた持論の披歴は興味深いものでした。

今では古語とも死語ともなった感のある「人望」について、私の恥多き教員生活を振返り、「人望論〈暴論編〉」を述べさせていただきます。

そもそも人望に基準などあるのでしょうか。例えば、中国史で有名な、項羽を破って漢王朝を開いた劉邦の逸話を読んだり聞いたりしても、人望は身に付きません。

あくまでも私の独断と偏見ですが、人望は天賦の才能などではなく、言動や態度に細心の注意を払い、人に誠意を持って丁寧《ていねい》に接していけば、自然と身に付けることができる人間力です。

もちろんそのためには、試行錯誤の長い道を自分の歩幅で歩んでいく必要があるでしょう。ですが、意識して謙虚に学んでいく姿勢とともに、律儀さを忘れずに実践していくことを通して、人望は獲得できるのではないでしょうか。

単に「いい人だなぁ」では、人望には結びつかず。また、職位・職階と人望は比例しないことも自明の理。敬愛される人間的魅力で引き付けてこそ、部下は上司の意向に従う。同様に、学生は教員の指導に従う。その典型的な例は、人を動かすときに表れるのでは。

軽率の謗《そし》りを免れないことを承知であえて言うならば、上司が命令で部下を動かすことは最終手段ではないでしょうか。

「やれ」という命令的口調ではなく、「やってもらえますか」という依頼型口調、あるいは「やってみてはどうだろうか」という提案型口調の方が、人望に裏打ちされた効果が発現すると思います。と考えることは、いささか甘い考えでしょうかね。

さらにもう一つ、人望が見て取れる場面としては、正直さや潔《いさぎよ》さがあることです。

部下の手柄を横取りしたり、部下に責任を転嫁したりする上司は、悪評と軽蔑あるのみ。自分に誤りがあるならば、素直に非を認めて謝罪することが正道。そして、失敗が部下に起因するか否かに関係なく、部下の心理的安全性を担保する上でも、上司としての責任を認めることが大切ではありませんか。

高度先端技術を活用した社会変革の構想「Ｓｏｃｉｅｔｙ５・０」が叫ばれる昨今は、逆に人間としての力量が問われる時代であると言っても過言ではありません。

私の未熟さを棚に上げて言うならば、アナログの力ともいえる人望を身に付けることは、人間社会を生きる技の一つを持つことになるかもしれませんね。

部下の心理的安全性を担保するには、まず上司としての正直さや潔さが必要になる

2　リーダーの好感度

拙著『リーダーが優秀なら、組織も悪くない』の読者の方から、「コロナ禍の息苦しい時代にあって、好感度の高いリーダーは、どのようなリーダーでしょうか」との質問をいただいたことがありました。難問ですが、あくまでも私の独断と偏見に基づいて、お答えしました。

まず不可欠なのは、何よりも信頼感。そう思うのです。

好感は、原理原則にのっとって行動する人への信頼から生まれるのではないでしょうか。リーダーの行動原理を構成メンバーが理解して共有する。そしてその組織の行動規範になることが、究極的には理想型といえるでしょう。とはいえ、最近の若手社員に暗黙知で伝えることは、ほぼ不可能と思われますから、リーダーには発信力が必要になります。

それゆえ、言葉の重みを認識することが求められるのです。決して言葉を軽んじないことです。また、リーダーは率先垂範しなければなりません。それに加えて、言葉を通して、言い換えるなら、対話を通して、自らが求めている方向性をメンバーに伝えるとともに、着実に実行に移させることが重要となります。相手の心に確実に伝えることができる「言葉力」の水準が、優秀なリーダーか否かの分岐点と言っても過言ではありません。

ただし、言葉の力は正しく使わないといけません。パワーハラスメントやセクシュアルハラスメントでは、言葉が凶器になる場合もありますね。ちなみに、育児休業取得などを理由とした男性社員への嫌がらせを、パタニティーハラスメントと呼ぶようになりました。

叱るときには感情を抑えて諭す。誤った行動や起こった事案それ自体に対してのみ注意し、その改善を肝に銘じさせる。大声を張り上げて怒鳴りつけたり、長々と説教を続けて、挙げ句の果てに人格攻撃をしたりすることは、ご法度。強く叱責《しっせき》すれば萎縮し、叱責の理由を理解できなくなります。温和な表情で、指摘すべき点を根拠とともに的確に伝える方が、好感を持って納得してもらえるのではないでしょうか。

他方、褒《ほ》めるときには、他者比較よりも本人比較の方が好感を持たれると思います。本人の中での変化の程度に基づいて評価するならば、「自分を見てくれている」ということが相手に伝わります。個人の力量や手腕は見抜けなくても、対話からその変化は把握できるでしょう。

人を育てるならば、やはり減点主義より加点主義による評価の方が、受け入れてもらえると考えます。暴論かもしれないですが、褒めること7割、注意すること3割くらいでしょうか。

部下は一人ひとりが異なるゆえに、語彙《ごい》の多寡も、信頼されるリーダーの条件となるのではないでしょうか。

他者比較よりも、本人比較でいきたい語彙力も信頼される条件と考えたい

3　おぞましい上司、敬愛される上司

在京のとあるビジネス雑誌編集担当者から、「部下にとっておぞましい上司とは、どのような上司だと思いますか」という電話インタビューを受けたときのことです。

このような質問は初めてでした。私にとっては難問、いや奇問。人間的な面から魅力ある上司や軽蔑すべき上司を語ることは比較的容易です。けれども、「おぞましい上司」となると、一瞬、返答に窮しました。ここはあくまでも個人的経験に基づくと断った上で、次のように答えました。

力量・手腕は限りなくマイナス評価であっても、強烈な上昇志向を持った輩《やから》が社内力学と処世術を駆使して、狙いを定めていた役職・職位に執念で就いたとき、部下に対する支配欲求を前面に出して権力や権限を乱用しつつ、命令と統制で押さえ付けていく上司になった場合ではないかと、私は考えた次第です。皆さん、心当たりはありませんか。

人間誰しも上位の立場に立つと、下位の人間を支配したくなるものでしょう。ですが、この誘惑と戦って、上司は支配欲求を抑える必要があります。なぜならば、部下の主体性や自主性を奪ってしまうからです。

実は教育現場においても同様です。教員が学習活動や課外活動において、自らの教育方法や指導方法を一方的に押し付けるために、生徒あるいは学生の成長の芽を摘んでいる事例は、枚挙にいとまがないでしょう。

あくまでも私見ながら、上司としての権力や権限の最善の使い方は、「必要があると判断した際には、権力の行使に何ら躊躇《ちゅうちょ》しないことを、普段から発信しておく。しかし、実際には行使しないこと」です。

適度な緊張感さえあればよいのです。実際に行使したならば、部下は萎縮《いしゅく》してしまい、自主性や主体性を発揮するどころではありません。その結果、優秀で気骨のある部下は反発し、長いものには巻かれろ的な部下は面従腹背に徹し、耐性の弱い部下は操り人形もどきに変身しかねない。

部下のワークモチベーションを引き出すためには、上司は部下との信頼関係を築いて心理的安心感を与えつつ、部下が潜在的に持っているであろう、貢献への欲求、有能感への欲求あるいは成長への欲求を刺激したり、満たしてやったりすることが必要です。

年上の部下には、上司としての立場で物を言う必要はあるものの、あくまでも長幼の序をわきまえて礼儀をもって接する。年下の部下には、下の人間と思わずに丁寧に対応し支援する。では、「理想の上司とは?」と問われたならば、私は「敬愛される上司」と答えますが、いかがでしょうか。

支配欲求を抑える
主体性や自主性を奪わない

4　気づきの感性

よく話題に上る「気配り・目配り・心配り」は、ホスピタリティーやサービスの質的向上を図ったり、コミュニケーションのセンスを高めたりすることができる要素の一つでしょう。感情の動物である人間同士のコミュニケーションの本質は、言葉のやりとりではなく、感情のやりとりではないでしょうか。社会生活では、人には敬意を持って接するのは当然のことながら、この3点セットを実践していくことで、人間関係に潤いがもたらされます。

日本能率協会が新入社員向けセミナーの参加者を対象に、2022年4月にインターネットで実施した調査（回答者545人）によれば、理想の上司や先輩が持つ資質として、「丁寧な指導」を挙げた人が最多の71・7％を占めました。10年前の2012年に行われた同様の調査と比較すると、約19ポイント増加しています。ちなみに「叱ってくれる」

は、17・6％にとどまり、12年の調査より約16ポイント減少しました（「北海道新聞」同年9月27日付朝刊）。

あくまでも私見ながら、上司が部下を指導する際に、部下への気配り・目配り・心配りを忘れなければ、より指導の効果が発揮されると思います。気配り・目配り・心配りをするには、観察力や想像力が必要です。それは、「上司力」としての「気づきの感性」とでもいえましょう。指導している目の前の部下の状態を瞬時に把握し、部下が何を望んでいるかを見分ける力です。

幾つか例を挙げましょう。部下が仕事で誤りを犯して精神的に落ち込んでいるならば、まずは寄り添い、共に改善策を考える。感情的な言動が部下に見て取れたならば、環境を整えて気を落ち着かせてから、部下の話に耳を傾ける。指導に納得がいかない表情をかすかにでも読み取れたならば、上司から問いを発しつつ部下の意向や思考を引き出して、すり合わせる。

もちろん部下に迎合する必要はまったくありません。ですが、上司には部下の立場に思いを馳《は》せて指導することが求められます。それこそ、気配り・目配りのなせる業でしょうね。また、さりげなさが何よりも肝要ですが、食事を共にすることや家族への気遣いなどは、心配りの典型です。

同様に、生徒・学生に指導・支援する教員にも、気づきの感性が求められます。彼ら彼女らの主体性や自主性を引き出す上で不可欠な「教師力」の一つです。教師然とした上から目線の時代は終わったのかもしれません。気づきの感性は、試行錯誤を積み重ねて意識的に養っていく以外に道はないのです。ある意味、スキルなのですから。

ならば、スキルアップをはかるのみ。そう思うのです。

気配り・目配り・心配りをするには、観察力や想像力が必要になる

5　ミドルよ、大志を抱け

「一年の計は元旦にあり」。初詣で祈願することは何でしょうか。そこには夢や希望もあることでしょう。また、各自それぞれ1年の計画や目標を立てる……。ですが、何よりも大切なのは、夢や希望がかなえられるように精いっぱい努力することではないでしょうか。まさに「要求する前に努力せよ」ですね。

白けているとか殺伐としているとか、社会を批判することは簡単です。ですが、社会の風潮がどうであれ、力強く生き抜いていくためにも、ぶれない自分軸を確立するためにも、夢こそ必要ではないでしょうか。確かドイツの劇作家エルンスト・トラーだったかと思いますが、「夢見る力がない者は生きる力を持たない」と言っていました。

多少なりともほろ苦い職業人生を送ってきた私としては、若者が働くことに夢や希望を持ってもらいたいと切に願っています。ただし、ロマンチストこそリアリスト。すべては厳しい現実を直視することから始まります。自己の都合で現実を見たいように見てはいけません。若者には素直な心が必要です。

とはいえ、人生の充実の程度は結局のところ、ミドル時代の生き方に大きく左右されるのではないでしょうか。仕事に向かう姿勢や仕事に対する取り組み方に、ミドル各人の価値観や人生観が投影されるものです。

それゆえ熱きミドルの働き方こそ、若者に夢と希望を与えるギフトだと思います。

「もう先が見えてるさ」「俺のポストはここまでだから」「やってもやらなくても評価は同じだよ」等々、自己停滞に陥ると輝きを失います。

そして、その次に待ち受けているのは惰性や怠惰の桃源郷です。これがなかなか心地よく、仕事への新たな挑戦意欲や自己変革への向上心は、雲散霧消してしまいます。保身に身をやつすミドルほど、醜い姿はありません。

「あんな課長にはなりたくないよね」「部長は所詮《しょせん》、わが身がかわいいだけだから」と、部下や後輩から軽蔑されてしまいます。新人は仕事自体に失望するだけでなく、ミドルの仕事振りを見て失望することも少なからずあるでしょう。

ドイツの文豪ゲーテは「絶えず努力する者は救われる」（『ファウスト』）と語りました。「絶えず努力する者の夢は必ず実現すること」を若者に信じてもらいたい。夢が破れたならば、次の夢を持つ。その繰り返しを通して真の夢に近づいていくのではないでしょうか。ミドルがひたむきに努力する姿を見せていきましょうよ。「ミドルよ、大志を抱け」です。

絶えず努力する人は、やはり救われる

6　意欲を引き出す

年が明けて間もなく、他大学で教職課程を担当している友人から、新年度に高校教員として採用される学生に向けて、通り一遍ではない「教師論」を話してほしい、という依頼がありました。私は、教員人生の黄昏《たそがれ》を迎えてはいるものの、生徒や学生との勉強だけでなく、先生方と意見交換したりする機会が多々ありました。それゆえ、多少はお役に立つかとも思い、大上段に振りかざすことなく気楽に話をすることにしました。

まず、高校教員は、教育サービス提供者として「教科力」が必要不可欠です。教材研究を中心に、授業の準備に時間をかけなければなりません。私が高校で授業を見学させてもらった際には、「失礼ながら、言語不明瞭、意味不明ですね」と、つい余計な感想を述べてしまったこともありました。その場にいた校長先生や教頭先生は、ため息交じりに首肯《しゅこう》していました。蛇足ながら、私は今、授業を担当して高校生と勉強を共にしています。

一方通行ではなく、生徒の反応や理解度を確認しながら授業を展開する。言わずもがなの授業技術です。しかし、ICT教育が闊歩《かっぽ》する現状にあって技術論もさることながら、教科担任としては、生徒に「何のために学ぶのか」という学習目的を明確に伝えて、学習意欲を引き出す努力を忘れてはならないでしょう。

キャリア教育とは、学校社会と職業社会との懸け橋であると、私は解釈しています。高校での学びが将来にどのようにかかわっていくかについて、生徒に共感的理解を促していく必要があると思います。そのためには、学習内容が日常生活や仕事生活で利活用される事例を、授業内容と関連付けて紹介しつつ、生徒に学びへの気づきを与えることです。

次に、教員には、人間関係の達人を目指すことが求められるでしょう。面談は対話の場です。生徒の資質や性格を把握するためにも、観察力とコミュニケーション力が必須です。私の体験に照らせば、先生方の中には、コミュニケーションや社会常識に難ありと思われるお方も……。

面談には権威主義を排して、和顔愛語《わげんあいご》（優しい顔で愛情のある言葉で接すること）で臨むこと。接触頻度が多いほど、生徒との距離は縮まります。「よくわかるよ。でも、こういう見方もできるのでは」「なるほど。ただ、それとは異なる考え方もあるよね」等々。いわゆるクッション言葉を取り入れて、生徒の話を受容の姿勢で聞く。その上で、提案型の誘導的指導をすることが有効でしょう。減点主義ではなく、良い点を見つけて褒めてあげることも肝要かと思います。

最後に一言。教育を通して「生徒を育てるのか、それとも生徒が育つのか」。教員には悩ましい問題です。「育つために育てる」との考え方も一理あり。

育てるのか、育つのか
減点主義か、加点主義か

7　生き抜く力

過日、ある大手企業グループ子会社の取締役と昼食を共にしました。氏は、いわゆる生え抜き社員から取締役に就任した頭脳明晰《めいせき》な方。氏が人事部にいた時に学生の採用でお世話になって以来、三十数年ご厚誼《こうぎ》をいただいています。

「仕事の方はいかがですか」と私が尋ねると、「最悪ですよ。今の社長とはまったく駄目ですね。取締役会で発言すれば露骨に顔を背けるし、何か提案してもほとんど無視です。取り巻き連中との酒席では、あいつは辞めさせると言い放っているようです」との返答。これには驚いた次第。

手厳しい社長批判は続きます。「プライドだけがやたら高いので、地元採用の社員を見下しています。実力もないくせに、社内政治と遊泳術にたけていたので、情実人事で天下り指定席の子会社社長に収まって、札幌で単身赴任を楽しんでいるだけです」。そして、

「平岡先生のことは、先生の独身時代から存じていますが、私と同様、上にも正論を吐くタイプですよね。精いっぱい努力して成果を上げてもなかなか認められないでしょう」と正鵠《せいこく》を射る発言。私はただただ首肯《しゅこう》するのみでした。

ちなみに、恥多き教員人生から導き出した私なりの教訓は、「周囲の思惑や打算から不条理や不公正に翻弄《ほんろう》されても、陰日なたなく地道に仕事に取り組んでいるならば、理解者や支援者は必ず現れる。捨てる神あれば拾う神ありで、何とか生き抜ける」。自分の生き方に自信を持っていれば、他人に嫉妬することなく自然と、感謝と称賛ができますね。

部下からの人望が厚く、温厚篤実な紳士タイプの氏がここまで言うには、よほどの事情があるのでしょう。改めて、「仕事に対するプライド、誇りとは何か」に思いを馳《は》せました。

あくまでも私見ながら、誇りを持って仕事に取り組んでいない俗物に限って、とかく地位や肩書、あるいは報酬や現物給付にかかわる似非《えせ》の誇りを気にします。働く上で決して捨ててはいけないのは、仕事そのものへの誇りです。誇りの価値を知る者は、見栄《みえ》や虚勢とともに、つまらない似非の誇りは捨て去ることができます。上昇志向や承認欲求とは無縁の世界に身を置いて、利他の心で自らの職務満足を高めることに全力を傾注するならば、不機嫌な職場でも、結果は後からついてきます。

仕事に誇りを持つことは、仕事への原動力にもなります。余分な体脂肪や体重は減らしても、仕事を成し遂げる時には、安定感や信頼感、そして重厚感を存分に得たいものですね。

捨てる神あれば拾う神あり まずは自分の仕事に誇りを持つ

8　傲慢なヒラメ上司

年度末は、異動の季節でもあります。職場で親しくお付き合いさせていただいた先輩が退職されたり、仕事が縁でご厚誼《こうぎ》いただいた方々が、たとえ栄転であっても転出されたりすると、どうしてもお目にかかる機会が少なくなります。会うは別れの始めとはいえ、心さびしいものです。

企業訪問や高校訪問を通して感じるのは、支社長・支店長や校長が交代すれば、組織の雰囲気が変わる場合が多々あるということです。良い意味でも、悪い意味でも。それは、私自身の仕事人生に照らしても首肯できるものです。

公私ともども懇意な間柄である某本州系企業の札幌支店管理職の方（仮にX氏とします）と最近会食をしたときの話です。3月に支店長が代わってから支店の雰囲気が一変したそうです。それを可能な限り再現してみましょう。なお、Yは私。

Y「どう変わりましたか」

X氏「ともかくエリート風を吹かせて、支店の人間を見下げます。雰囲気は暗くなりました」

Y「初めての札幌勤務なら、前支店長との引き継ぎを十分に行い、赴任後は副支店長と相談しながら支店経営や業務遂行に当たるものでしょう」

X氏「普通はそうです。でもね、引き継ぎは形だけ。着任早々から副支店長の言には耳を貸さず、前例踏襲を全否定して『俺流』で営業成績を上げていくと豪語しています。年長の副支店長を叱責《しっせき》します。私も早々にたたかれました」

Y「たとえ立場でものを言う場面であっても、長幼の序はわきまえるべきでしょう」

X氏「あいさつ回りはするものの、これまでの経緯も知らずに大言壮語するので、結構評判が悪くて。そのくせ本社の役員にはもみ手でうまく取り入っていますよ」

Y「典型的なヒラメ上司だ。それも自信過剰と傲岸不遜《ごうがんふそん》のハイブリッド型。上昇志向が強い人望なきリーダーが、私心を持って結果だけを求めると、支店の方々は犠牲者」

X氏「毎日が憂鬱《ゆううつ》です。今はじっと我慢して、支店長の異動を待つだけです」

その時私は、映画「踊る大捜査線　THE MOVIE 2」で真矢ミキさん扮《ふん》する沖田管理官を思い出しました。警視庁から赴いた沖田は、特別捜査本部を指揮して湾岸署の署員たちを命令と統制で押さえ込もうとするものの、結果、捜査は行き詰まり更迭される羽目に。誤ったリーダーシップを発揮するならば、部下は処世術として面従腹背で対応するかもしれません。しかし、そこには意思疎通の壁ができてしまい、真のフォロワーシップは存在しません。やはり人は心で動くものです。

人は、処世術でも動くが、心動かされて、動くもの

9 人との「縁」

年度末・年度初めは、退職、転勤、配置転換、昇任・昇格など、「去る人、動く人、上がる人」おのおのの仕事人生の節目です。

過日、さる大手企業の取締役を退任された方と、久しぶりに会食しました。氏が人事部長の時には、学生の就職でも本当にお世話になりました。私が上京した際には、よく昼食をご馳走《ちそう》になりながら、組織論や人材論のお話を伺いました。

「一緒に仕事をしたり、採用に直接かかわったりした人は、会社を離れても気に掛かります。まあ、連絡をくれたり、あいさつに来てくれたりする人はほんのわずかですが、うれしいものですね」と、氏は話されました。

「かつての部下誰からも連絡やあいさつがあれば、その対応に悲鳴を上げることになります。ですが、そんな殊勝な人はほんの一握りでしょう。砂の中のダイヤモンドと同じく希少価値ゆえ、常に気に掛かるのでしょうね。とはいえ、現職時代に部下から敬愛されていたからこそ、ご退任後も接触の機会があると思うのですが」と、私は答えました。

あくまでも私の独断と偏見ですが、職場での人間関係を極論すれば、仕事を共にする一時期だけの関係と割り切る人と、仕事を通しての出会いに感謝して、末永く大切にする人とに大別されるのではないでしょうか。

単に仕事に関して知識や進め方を教えてもらっただけでなく、仕事に向き合う姿勢や仕事の本質を学ぶことができ、自分自身の仕事観や人生観に大きく影響を与える上司に巡り会えたならば、幸運な仕事人生と言えるでしょう。

もちろん部下は上司を選ぶことはできません。けれども、「求めよ、さらば与えられん」の気持ちを持たないと。

教員と学生との関係も同様で、講義やゼミナールのときだけの関係か、卒業後も末永く人間的交流を続けていくか。それは学生一人ひとりが決めることとです。

私は「来る者拒まず、去る者追わず」の心境。卒業後はお互い社会人であるので、対等なお付き合いを心がけています。いつまでも恩師面《づら》して偉そうな態度を取るのは、教員の悪癖ではないでしょうか。

　大学教員として駆け出しの頃に、学生から慕われることも教師力であると、某有名私立大学経営者から助言されたことを思い出します。

　学生には「威張るな、怒鳴るな、恩に着せるな」を肝に銘じて丁寧に接し、学生に迎合せずとも、「就職の世話で奔走することや、身銭を切ってごちそうすることも仕事」であると心得ることでした。

　ともあれ、律義さや誠意を持ってつなぐ人との「縁」は大事ですね。

部下は上司を選べない
威張るな、怒鳴るな、恩に着せるな

10　新人指導

6月ともなると、新入社員・職員の職場内訓練（ＯＪＴ）も本格化する時期になります。このＯＪＴには理と情が必要です。もちろん仕事には合理性や効率性が求められます。加えて、仕事をチームワークで行うならば、情は親近感や仲間意識のベースとして必要です。さらに言えば、情は信頼に基づく人的ネットワーク構築の原点です。私なりに、仕事哲学というものを解釈するならば、ロゴス（論理）とパトス（情熱）とエトス（精神）の三位《さんみ》一体ではないかと。

昨今は情が薄れた職場が多く、人間関係も希薄化していると感じるのは私だけでしょうか。ＩＴ化の進展だけが原因ではないともいえません。過剰な成果主義が砂漠化を促しているとも感じられます。

形式化された無機的なＯＪＴや、放任されたままの粗雑なＯＪＴでは、「育てる経営」

の実現など不可能でしょう。新人さんは早く仕事を覚えたい、早く職場に溶け込みたいと、新しい環境に過剰なまでに適応しようとします。その反動がＯＪＴで表れないか。「一日も早くこれができるように」「最低これだけは覚えてほしい」「今年はこの資格を取るように」等々、達成目標のオンパレード。けれども、新人に目標だけ与えても、プレッシャーで窒息してしまいます。

ミドルが新人に仕事を教えるときに大切なことは、その仕事の意味が理解されるまで丁寧に伝えることです。殺伐とした職場は数値目標のインフレ状態であって、経営職や管理職から事業目的が明確に語られていません。目標に意味を加えた目的を情に訴えることができない経営職・管理職は、やはり失格。人は心で動くもの。

例えば電話応対。研修の座学やロールプレイで、受け答えのマナーから声のトーンまで詳細に教えたとしても、決して身につきません。姿が見えないゆえの恐ろしさを納得させた上で、電話も真剣勝負の自覚と責任を持たせることです。

そしてミドル自らも、電話応対の模範を示していかなければなりません。面倒くさそうな取り方や粗雑な受け答えをしているミドルが、したり顔で教えても、新人の腑《ふ》には落ちません。彼ら彼女らの「わかりました」は半信半疑の表れなのかもしれませんよ。

新人の直接の上司であるミドルが「Z世代は……」だとか「最近の若者は……」とか、一方的に評価を下して指導放棄することは厳禁です。ただ「頑張れ」だけでは、お粗末極まりなし。指導とは忍耐、そして気配り、目配り。思いやりの情もお忘れなく。いやしくも人を育てる立場に身を置くならば、自分の時間が「赤字」になる、足りなくなるとの覚悟を持たざるをえないでしょう。

指導では、模範を示す
自分の時間は「赤字」を覚悟する

11 無形の報酬

『令和4年版高齢社会白書』によれば、内閣府が前年12月に実施した調査で、65歳以上の約2割が「生きがいを感じていない」と回答したそうです。同白書では、高齢者が身近な地域での居場所や役割、仲間とのつながりを持ち、いわゆる第二の人生における就業や社会活動参加を促す環境整備などが重要であるとしています。

ですが、あくまでも私見ながら、何に喜びや楽しみを見いだすかは、自分自身の「生き方」の問題であり、人それぞれの人生ゆえ、生きがいもまた人それぞれです。他者と比較する必要もないでしょう。

翻って現役世代の今に目を向けると、生産性向上や優秀な人材の確保、あるいは離職防止などの理由から、すべてと言っても過言ではないほど多くの組織で、働き方改革が進行中です。夢のような週休3日制も選択肢となり、むしろ企業間で「休日格差」が生まれるかもしれません。

それでは、職務満足はどういう状況でしょうか。最近では、「ワークエンゲージメント」が叫ばれるようになりました。ワークエンゲージメントとは、一般的には「働きがい」を指します。それは「仕事に充実感や達成感があり、熱意を持って意欲的に取り組んでいる状態」と、私は理解しています。仕事と生活を両立させるワークライフバランスが推進され、日本企業の労働環境は改善されつつあります。けれども、「働きがい」の面に焦点を当てるならば、さほど改善したとは言えない実態もあるのではないでしょうか。

その要因の一つとして、旧来型の日本的な経営の負の側面があると、私は邪推します。上意下達の組織風土が根強く残り、権限委譲が進まない組織も少なからず。また、いくら経営者や管理職が能力主義や成果主義を唱えても、彼らが年功序列と情実人事の結果として現在の地位にあるならば、部下は白けてしまいますね。減点主義もいまだ色濃く、社内力学を熟知して社内遊泳術にたけている者だけが、出世の階段を上っていく。

軽率の誇りを免れないことを承知の上であえて言うならば、無能な上司ほど、たいこ持ちや茶坊主、あるいはイエスマンがかわいいものです。他方、いくら仕事ができる有能な部下であっても、自分になびかなければかわいくないと感じるのではありませんか。

上司は意を尽くして、部下と共感的理解を得る対話を繰り返し、納得性に基づく信頼関係を築いていくことが大切です。「働きがい」は無形の報酬です。無形の報酬の大盤振る舞いこそ、職務満足を高める「真の職場改革」だと、私は思います。

「働きがい」と職務満足を高めてこそ真の職場改革にとり組むことができるはず

12 寄り添い方

ある大手企業で研修を担当している管理職の方と食事を共にしたときに、氏は「自分の経験から少し強い口調で助言すると、青菜に塩です」と、若手社員の教育の難しさを語っていました。「順序立てて話しても、本人が追い詰められたと捉えたら、もうお手上げです」との嘆き節も聞いた次第。一般にストレスへの耐性が弱いとされる最近の若手に対して、心理的ダメージを与えないような指導や助言をすることは、とうとう至難の業の域に入ったようです。

そうは言っても、部下に育ってもらわないと困りますね。上司には、経験値に基づく支援と人望力との二刀流が必要ではないでしょうか。例えば、仕事で失敗するなどして元気がない部下を励ます場面を考えてみましょう。まずはマイナスの状態からゼロの状態に戻し、可能ならばプラスの状態に引き上げることができる上司が求められます。

マイナスの状態で悩み、落ち込んでいる部下を、いかにして再浮上させていくか。ただ「頑張れ」や「これをやれ」だけでは、無理筋。上下関係にあっては、上司は部下に対して、ついつい説教を垂れてしまいがちです。部下に反発の姿勢が見て取れたならば、「こいつは理解不足だ」とばかりに、高飛車に強く押し付けようとすることもあるやもしれません。自分は立場が上だという過剰なまでの自信と自尊心があればあるほど、どうしても自らが正解を持っているような気分になってしまいます。むろんそれは錯覚なのですが。

困難に直面している相手に向き合うときには、まず相手を理解して受け入れることが前提となるはずです。相手の心情や葛藤に共感的理解を示すことなく、一方的に助言することは、上司の自己満足に過ぎないと言っても過言ではありません。ちなみに、教科指導や部活動における教員と生徒との関係も同様です。

聞いてもらえるだけでも、人は癒《い》やされるものです。部下の話を途中で遮《さえぎ》ったり、大声を出してまくし立てたりすることは厳禁です。命令口調や説教口調ではなく、穏やかな語り口によって、助言や経験談をいかに部下の心に染み込ませるか。ここで、経験値を包み込む人望力の出番となります。

謙虚さを忘れることなく、「あくまでも私の経験では……」「参考になるかどうかはわからないけれども……」等々、ソフト&マイルドなタッチで語ること。そして、「どう思いますか」と逆質問して、納得性の度合いを確認することも大切です。もし納得していなければ、さらに対話を続けるのみ。指導・支援には時間と忍耐が必要になります。

部下への心のこもった寄り添い方も、上司としてのスキルといえるのではないでしょうか。

経験値に基づく支援と人望力で部下と向き合うことができていますか

13 時候のあいさつ

4月から6月にかけては周知のとおり、企業、教育機関や行政機関では人事異動が行われます。このときの対応においては、仕事の背後にある各人各様の人生観や価値観が投影されることも真実です。

人事異動の内示を受けて、「このたび〇〇部に異動することになりました。お世話になりました。今後ともよろしく」という旨の連絡をいただくならば、心の準備ができます。事前にお話ししていただいたこと自体、今後の縁を感じるものです。これまでは仕事上のつながりだけであっても、人間的なつながりに深化していく契機になるかもしれません。新しい部署に落ち着いてから食事を共にすることも楽しいでしょう。

退任や退職あるいは転任のごあいさつ状の添え書きにも、それぞれのお人柄がにじみ出てきます。「何とかゴールインしました」と書かれていれば、起伏が激しかった仕事人生のマラソンを完全走破された思いが伝わってきます。「本当にお疲れさまでした」とのお返事が必要となりますね。「もうひと頑張りします」を読めば、新しい職場に訪問したくなります。

「単身赴任です。お会いできる機会を楽しみにしています」を手に取れば、ぜひお目にかかりたいと思います。「学生さんの就職のお役に立てるかもしれません」と書いていただけることは、望外の喜びです。

この時節は、暑中見舞いやお中元の季節です。昨今は虚礼廃止が叫ばれています。ですが、律儀さや義理堅さは美徳の一つであることは紛れのない事実です。夏のごあいさつを賜ることは、当方の家族にとってもありがたい贈り物です。

心にかけていただいていることに感謝すべきでしょう。ご無沙汰していながらも、近況報告の添え書きのある暑中見舞いを落手すると、心が和みます。贈答品やお便りを頂戴することは、幸せです。

他方、仕事だけの関係と割り切る生き方もあるでしょう。多少なりとも親しくしていただいたならば、感謝の気持ちの表れをお持ちしてごあいさつします。けれども、その後は音信不通の場合も少なからず。もちろん、その人の考え方次第ですから、お気に召すまま。あいさつ状やお礼状の手間を省くことは、煩わしい人間関係を断ち切る意思表示かもしれません。それはある意味、己に正直な生き方といえるでしょう。

しかしながら、社会常識や社会通念に照らして「ちょっとなぁ……」と疑問を感じる経営職や管理職の仕事能力や仕事成果は、「やっぱりなぁ……」の状況です。

仕事も生活も人間関係なしには成り立たず。さすれば、人生は「良きお付き合い」なしには語れないと思うのですが。

人間的なつながりを深めていく
その手段に、あいさつとお礼がある

14　秋の外食

天高く馬肥ゆる秋。ミドルの財布やせ細るなり。外食大好き派にとっては、秋の夜長のおいしい食事と楽しい会話は至福のときです。和洋中どのジャンルでもお気に入りの店があれば、招待や接待にとっては好都合です。

ですが、それは何もグルメ雑誌やグルメ番組に頼る必要もないでしょう。またミシュランの格付けも絶対ではありませんね。食事はあくまでも主観的なもの。自分自身の感覚でひいきの店の品定めといきましょう。

会食をおいしくするも、味気なくするも、それは相手との会話次第ではないでしょうか。共通の話題があれば話が弾みます。仕事、人生観が同じであったならば、ますます盛り上がります。新しい知識や情報を提供していただくときには、食欲とともに知識欲も旺盛となります。心も頭も満腹で、大満足。

他方、過ぎたるは及ばざるが如《ごと》しの場合も少なからずあります。お誘いを受けてお供した店で、料理が出るたびに「どう、ここはなかなかいけるでしょう」「この味付けはうまいでしょう」と畳み掛けられたならば、うんざりです。たいした味でもないのに「おいしいですね」と、お世辞を言うのも疲れます。

また、「このディッシュには○○産の赤ワインでしょうな。ボルドーでは……、モーゼルでは……」と蘊蓄《うんちく》を傾け始められたら、あるいは「僕は焼酎党で××のロックしか飲まないんだよ。口当たりが……」と語りに入られると、もはや食傷気味。あるいはとうとうと自慢話を聞かされれば、それだけで飽満。私のような、牛乳の味はわかっても酒の味などわからない単なる食いしん坊には、苦痛そのものです。いくら高級料理であっても、たとえご馳走になっても、ありがたさは皆無でしょう。

逆にさほど美味ではなくとも、ハイテンションになることも多々あります。

組織に属する者の楽しみの一つは、上司の能力や言動を取り上げて辛口批評をすることです。要するに悪口ざんまい。これは何よりもおいしいかも。「うちの課長はね、まったく口先だけだよ。まあ無能だよ」「俺んとこの部長ときたら、普段は仕事もせずにふんぞり返ってるくせに、社長の前では腰をかがめて揉《も》み手でさ。ゴマすり野郎は見てられないよ」と始まったならば、こちらも「やっぱりそうか。俺も馬鹿《ばか》な役員連中には辟易《へきえき》してるよ」と、この手の話はエンドレス。不謹慎ながら、私もこよなく愛する会話です。

各自それぞれの「秋の味」を楽しみましょう。外食万歳。

たまに外食で「秋の味」を愉しむように、たまには上司の辛口批評を楽しんでみる

15　飲みニケーション

大学教員時代、ある大手企業の管理職の方と、本年度のゼミナール学生採用のお礼という名目で、来年度の採用に向けた情報交換をしながら、会食をしていたときのことです。

その方が、仕事を定時に終えた新入社員に「たまには飲みに行こうか」と声をかけたところ「それは強制ですか」との返事があり、他の社員ともども驚いたという話をしてくれました。「怒りよりもあきれました」とのことでした。時代が変わったと言えばそれまでか。組織における上司と部下の関係は、教師と学生の関係同様に、よしあしは別にして希薄化してきたのかもしれません。

プライベートを大切にしたい若者は、旧来型の仕事の延長線上にあるような「飲みニケーション」を嫌うのも、むべなるかな。

話はもう一つ。たまたま隣のテーブルでは、2人の会社員風若手男性がそれぞれスマートフォンを操作しながら、誰かを待っている様子でした。「遅いねえ」と1人が言うと、もう1人の返事は「いつもでしょ」。

それから約30分後に、脂ぎった中年男性が登場。遅れたことを謝るでもなく、「生《なま》1つ」と即座に注文し、すぐさま説教が始まりました。接待している最中の私もやじ馬根性旺盛で、耳がダンボになりました。

「おまえの営業は……。だから駄目なんだ」「どうすればいいのですか」「それは、おまえらで考えろよ」等々。揚げ句の果てには「早く嫁もらえ」。それから「大事な会合があるんだ」と言って、彼らの上司とおぼしき人はご馳走してあげるでもなく中座しました。私は「格好つけるくせに、ケチなおっさんやなぁ」と心の中で叫びましたよ。もちろんそんな上司にごちそうになっても、部下もありがたくもないでしょうけど。

その後が面白かったですね。2人に戻ったときの会話の断片からは、「あの人、何言いたいのかわからない」「まったくうざいよ」との声を聞きました。「飲みニケーションギャップ」の恐ろしさを目の当たりにしました。

「あの人」と呼ばれること自体、仕事における上司と部下の信頼関係は皆無でしょう。ましてや「うざい」ともなれば、嫌悪の対象かもしれないですね。そういう職場は離職率が高いと邪推します。プライベートな部分に踏み込むことなく、いつも気にかけていることを部下に伝えることが、上司の器量というもの。部下には敬意を持って接しなくてはなりません。

「あの人」などと陰で呼ばれていないか敬意を持って接することを忘れずに

2章 よき組織経営への道

16　滑稽《こっけい》なる責任逃れ

舗道の落ち葉に降る冷雨そして雪。晩秋から初冬へと季節が移り変わる様子は趣があるものです。それに比べて、変わらないものは「責任回避と責任転嫁の法則」といえるでしょう。

例えば、かつてメディアでも大きく取り上げられた問題の一つに、メニュー表示偽装問題があります。日本人は言葉のすり替えにおいて、天下一品であることをそのときに再認識しました。

敗戦を終戦と言い、占領軍を進駐軍と呼んだ匠《たくみ》の技は延々と受け継がれています。教育機関での体罰もなかなかなくなりません。体罰の意味は教育的指導であるという誤解ならぬ曲解が、根強く残っているのかもしれません。

食材偽装や虚偽表示は、誤表示としてやり過ごそうとしました。いったい誰が誤表示という言葉を思いついたのでしょうか。これは、相当にグレードアップした言葉のすり替えです。

また、一般的に不祥事の謝罪記者会見において、鉄面皮では心底からの謝罪と受け止められないことに気づかない愚は、滑稽そのもの。そのうえ、つじつまの合わない説明や、見苦しい弁明に終始する経営者・経営職の姿は、哀れです。世間を甘く見てはいけません。

矛盾点を突かれると、現場の知識不足などと言い放って、現場に責任を押し付ける悪辣《あくらつ》さ。さらに追い詰められると、揚げ句の果ては組織の部門間や部署間のコミュニケーション不足を嘆いて、ハイお仕舞い。しかし、歴史は繰り返すということを忘れてはいけません。

経営史家のアルフレッド・D・チャンドラーJr.は、「組織は戦略に従う」(『経営戦略と組織』)と述べています。プロフェッショナル精神を喪失した、ただ「全員頑張れ」を叫んでいる戦略なき経営者の下で働くことの悲しさ。下々はトップを選べません。

同じ職場に長く身を置いているならば、その組織の矛盾や理不尽を肌で感じる場合は少なからずあるでしょう。組織の常識を社会の常識に合わせようと改革を試みる者ほど、いわれなき非難や中傷にさらされたり、邪魔をされたりする場合が多々あります。

その根源は経営職、管理職のあり方・生き方、究極的には人間性にあるといえます。ブラック企業などと、世間で呼ばれる企業も、要するにブラック経営者が支配する企業であると、言い換えることができるのではないでしょうか。

悪意に満ちた経営者が自己保身を図るためには、誰かをスケープゴートにして逃げ切るしかありません。何かあれば部下に「辞表を書け」と恫喝《どうかつ》する経営者が、延命にきゅうきゅうとして自ら醜態をさらすことも、よくある話です。責任を一身に背負った鮮やかなる引き際こそ、経営者の本懐といえるはずなのに……。

「組織は戦略に従う」のだから、戦略なき経営者の組織はつぶれる

17　仕事上の裏知識

東京からお客さまをお迎えしました。かれこれ30年ぶりの再会です。その方は、在京の証券会社に勤務されていました。バブル経済真っ盛りの頃、道内での支店開設準備の一環として、氏が採用活動に来札された折、初めて名刺交換しました。初対面にもかかわらず話が弾み、私が就職支援していた学生も採用になりました。以来、ご厚誼《こうぎ》を賜ってきました。

今は退職され、悠々自適の生活です。今回は、思い出深い北海道の秋を楽しむ旅行とのことで、当時の採用を巡る昔話に花が咲きました。

「先生がわざわざ本社まで学生の履歴書を持参されたことは決して忘れてはいません。あの時の先生とのやりとりで、今も鮮明に覚えていることがあります。それは何だと思いますか」と、氏は私に尋ねました。

私が思い出せずに聞き返すと、氏は私に「学生にどのような本を薦めていますか」と質問した時の話をしてくれました。私の返答は、中根千枝の『タテ社会の人間関係』と山本七平の『「空気」の研究』の2冊でした。その選択に「珍しい先生だと本当に驚きました」と、氏は話されました。私は「仕事に夢を持って働き続けるためには、現実を直視することからすべては始まると、学生に伝えたいと思ったからです。ロマンチストはリアリストでなければなりません」と返したのです。

あくまでも私の独断と偏見ですが、巨大グローバル企業ならいざ知らず、地元企業ならば、その経営環境がグローバル化していたとしても、組織自体はグローバル化していないのが現実でしょう。かの有名な経営学の大家ジェームズ・C・アベグレンの『日本の経営』という不朽の名作があります。同書で彼が分析した日本社会特有の価値基準や共同体意識を土台とした組織形態は、いまだ強固といえるのではないでしょうか。

日本的組織の中で仕事をしていくためには、仕事で発揮する能力と、人間関係の中で仕事に取り組む能力の両方が必要ではないかと、私は考えます。そうであるならば、上下関係で感情的に結びつく序列・秩序に注意を払うこと（『タテ社会の人間関係』）、あるいは意思決定する場合にはその場の「空気」を意識すること（『「空気」の研究』）、というこの2つは、職業社会に身を置く前から覚悟し、かつ仕事上の裏知識として知っておいても損はありません。

通り一遍のキャリア教育や非現実的な即戦力論だけでは、仕事はできません。浅薄なビジネスマナーや稚拙な処世術だけでは、リアリティショックやイメージギャップに負けてしまいます。まずは脚下照顧《きゃっかしょうこ》です。自分の足元を固めつつ、目の前の仕事に全力投球ですね。

序列・秩序の人間関係に絡みつく感情と意思決定を左右する空気の存在を意識したい

18　人の偉さにも旬がある

過日、私が尊敬する在京の企業経営者と会食した時に、「人口減少高齢化による市場の変貌に対応して、生き残る企業経営には何が求められますか」と尋ねたところ、「企業の未来は現在にしかないことを肝に銘じることです」と話されました。

一見安定しているように見えても、内実は不安定要素が隠れていることも少なからず。分析力や洞察力に秀でた者が警鐘を鳴らしたとしても、無視されたり、異端児扱いされたりしてしまう悲喜劇も起こります。

けれども、ひとたびマイナスインパクトを受けたならば、たちまち組織の問題点や脆《ぜい》弱《じゃく》性が露呈します。先送りされてきた火中の栗をポケットに入れられた経営職や管理職は不運ですが、覚悟に勝る決断なし。ここは背水の陣で立ち向かうのみ。

安定している時こそ組織の中に、適度の危機感や緊張感を醸成する必要があるのでは。

その上で先見性のある経営者ならば、持続可能性を確実にしていくことを目的として、経営体力のあるうちに、未来に向けて布石を打ったり、戦略的に重点投資をしたりします。

余談ながら、自己責任論が闊歩《かっぽ》する昨今、自身の市場価値を高めることとて同様です。自己研鑽《けんさん》と人格の陶冶《とうや》に励むのは当然のことながら、身銭を切るさりげない布石と自己投資は大切です。ただし、売り込みだけが先行してしまうような、下心見え見えでは嫌われますよ。世の中は実績と信用、そして人間性が評価軸。

私の前職の私立大学教員時代には、インターンシップ事業や就職支援を通して、変化を恐れず、変化を取り込む経営者の謦咳《けいがい》に接することが、幾度かありました。企業経営とは無縁の教員には、そのような変革志向の経営者の片言隻句までもが新鮮でした。魅力的な企業とは規模の大小ではなく、経営者の志が従業員に希望を与えている企業だと、私は考えました。

他方、経営職や管理職には時代性があるのではとも思いました。過去の成功体験を忘れることができない人ほど、新思考を受け入れるよりも、旧来的な意識や発想を捨て去ることが難しいのではありませんか。

自説に固執する。予断と偏見で判断する。助言や提案は素直に聞かない。原理原則よりも勘や感覚に頼る。非難中傷は大好き。感情がすぐ顔に出る。情実で意思決定する。これでは組織衰退は必定ゆえ、ご退場を誰もが願うことに。

だが、出処進退は自己決断。17世紀フランスの思想家ラ・ロシュフコーの言葉、「人の偉さにも果物と同じように旬がある」という言葉が思い出されますね。

自説に固執し、偏見で判断し、助言を聞かない……
もう退場したほうがいいのでは

19　三位《さんみ》一体的労働

ウィズコロナからアフターコロナの状況になって、社会生活が元に戻りつつあることを実感した時期、観光需要も急回復する一方で、観光人材不足が露呈することになりました。『北海道新聞』朝刊（2023年6月27日付）でも、道内有数の観光地である函館で、各社が模索している新たな省力化策や人材確保策が紹介されていました。

人材不足は教育分野においても例外ではありません。教員不足は地方ほど深刻です。人口減少、少子高齢化に直面している地方にとって、「医療過疎」と「教育過疎」の対策は焦眉の急です。

それはさておき、過日、某教育書籍の編集担当者から取材がありました。そのとき、「教員にとって最も重要な資質・能力を一つ挙げてほしい」と言われました。この難しい問いには返答に窮しましたが、ここはいつもながらの独断と偏見で一言、「安定性です」

と答えました。授業力や指導力の質的水準もさることながら、感情を制御する「感情管理」が教員には最重要であると、私は考えます。

私の恥多き教員経験から考えると、教員としての道を歩んでいくならば、肉体労働・頭脳労働・感情労働の「三位一体的労働」が求められると思います。体力と知力の全力投入は当然です。手抜きは見破られるのが落ち。加えて、生徒・学生対教員という共に感情の動物である人間同士の関係性の中では、感情労働の比重は極めて大きいでしょう。

感情労働は、米国の社会学者であるA・R・ホックシールドが提唱した労働概念です。感情労働では、自分自身の感情を制御しつつ、相手に応じた言葉や態度で対応することが求められます。これは、ビジネスの現場、例えば接客業全般によく当てはまることでもあるでしょう。

対面の価値や効果が再認識されるようになりました。言うまでもなく、まずはさまざまなハラスメントを徹底的に排除しなくてはなりません。そして、生徒・学生と教員、あるいは部下と上司の間では、対面型コミュニケーションを通した人間的信頼関係を構築していくことが必要不可欠です。そのためには、丁寧に接しつつ傾聴第一で。相手の話を途中で遮っては駄目。ふんぞり返って威張らない。大声を出して怒鳴らない。一方的にまくしたてない。クドクド・ネチネチも嫌われますなぁ。ましてや、人格否定や相手のプライベートに踏み込むことは、ご法度でしょう。

好感や好印象こそ、心が通じる第一歩ではありませんか。ただし、感情労働は精神的疲労が大きいことも確かです。ならば、いかに疲労回復を図るか。そうした創意工夫が、これからの時代を生き抜く力の一つなのかもしれませんね。

「感情労働」という働きの価値を認めて その精神的疲労の回復に工夫する

20　結果よりも過程

夏休みで帰省していた大手外資系企業の管理職の方と夕食を共にした時のことです。氏は有能なプロジェクトリーダーとして重責を担っていました。かねて伺っていたプロジェクトについて「いかがでしたか」と聞くと、「失敗に終わりました。夢を持って再起を期します」との返事。私は内心「えっ」と思いつつも話題を変え、ひとときを過ごしました。

再会を約束して別れてから、以前、氏が困難とはいえども成功への道筋を熱く語ってくれた時の記憶が、脳裏によみがえってきました。先ほどの私の問いかけに、氏はなぜ淡々とした返事だったのか。私は、氏が単に仕事の成否だけでなく、心情を吐露したり、失敗した原因や組織への不平不満を口にしたりするものと思っていました。そこで、その理由について思いを巡らせました。

成果主義が常態化している昨今、「仕事の評価は結果がすべて」という言葉をよく耳にします。精一杯《いっぱい》努力したとしても、期待した成果が出ない場合、あるいは望ましい結果が伴わない場合には、すべてが水泡に帰すことに。結果責任が問われることもあります。

一見矛盾していますが、私心なく仕事に挑む使命感の強い人は、あくまでも目標達成を追求するものの、結果よりも過程を重視しているのではないでしょうか。なぜならば、目的達成に向けて最大限努力することは自明です。けれどもその成否は、己の力だけではいかんともしがたい何かに左右されるという、ある種の諦観を抱いているのではないかと推察するからです。

人事を尽くして天命を待つ。自らの限界まで知力を尽くして向かっていくゆえに、自身は達成感を得る。結果は後からついてくる。結果が悪ければ評価はそれまで、との潔さ。明鏡止水の心境でしょうか。

むろん、「終わりよければ、すべてよし」という考えも理解できます。結果にこだわる執念を最後まで捨ててはならないとの主張も正しいと思います。ですが、逆に切り替えが早ければ、レジリエンス（復元力）が働いて、新たな挑戦意欲が湧いてくるとも言えるのではないでしょうか。

真の仕事人は、現実を直視しています。評価には嫉妬・思惑・打算などのあしき感情が混じることをよく知っており、「人は人を簡単には認めない」ことを体感しています。「ほどほど」や「手抜き」とは決別して、全力投球や全力疾走にこそ意義や価値を見いだすことが自己評価の基準であると考える人は、賛辞や称賛には無欲であり、非難や批判は甘受する。純粋なロマンチストは、冷徹なリアリストでもあり、タフガイなのです。

「終わりよければ、すべてよし」もいいが、「人事を尽くして天命を待つ」がいい

21 求められる能力

とある協会の支部での講演のときのことです。

経営職や管理職を対象に、「一私学教員から見た若者の意識と行動について」をテーマにお話しさせていただきました。

企業が、定着率の向上や社員教育の充実に苦労されておられることは、指導・支援で過去の経験則が通用しない学生と向き合っているわが身としても、重々承知しているところ。ここは何とか、お役に立ちたいと思って受けたのです。

このような、ハラスメントやコンプライアンスをテーマにした研修は、規制と自制が結論となる予定調和型ではあります。

それはそうなのですが、若手社員や女性社員に関するマネジメント研修は、「絶対解」なき試行錯誤の連続ともいえます。

学生指導でさえとても難しい昨今ですから、企業での人間関係を重視したマネジメントは、より難度が高い課題ではあります。

ある企業経営者は、「職場アンケートを実施したけれども、若手社員はわがまま放題、言いたい放題だった」と話しておられました。

自己中心的で他者への配慮に欠ける学生が多いことを踏まえるならば、もちろん自分勝手な言い分も少なからずあることでしょう。

けれども、それらを彼ら彼女らの身勝手と取るか、行間を読み取って深層心理を読みとろうと努力するか。まったく対応が変わってくるのではないでしょうか。

成熟社会で育った安定志向の若手をいかに育成していくか。

現場の仕事もする管理職・プレーイングマネジャーの役割が大きいのは言うまでもないことです。

ただし、よく言われるように、プレーヤーとマネジャーでは求められる力量・手腕が異なります。また、勤続年数と人事育成能力とは比例しません。仕事経験が豊富なだけではメンター（助言者）は務まりません。

コミュニケーション以前に多様な価値観を認めることが、マネジメント改革の第一歩となるのではないでしょうか。

多様な価値観を認める力、それこそ、マネジメント改革の第一歩

22 忙しごっこ

大学教員時代に、ある地元企業の管理職の方と昼食を共にしたときのこと。若手社員の教育に苦労されているという愚痴を聞いたのですが、氏の失敗談は次のような内容でした。

新卒の女性の部下に「この案件やってくれるかな」と尋ねると、「できると思います」との返事。しかしながら、1週間たっても報告をよこさないので、「あの件はどうなっているの」と催促すると、「やっぱり無理でした」との答えが返ってきたそうです。氏は一瞬耳を疑い、「できないなら、すぐに相談しないと駄目だろう」と、少し強い口調で注意したとのことでした。

すると彼女は泣きながら、「辞めます」と一言。おかげで、上からは「何をやってんだ。指導力がないぞ」と叱責《しっせき》され、人事からは「やっと採用したのに」と文句を言われ、さんざんな目に遭ったそうです。同情すべきは氏の方か。

「今後のキャリアを考え、仕事を任せることで自信をつけさせようと考えたのですが、裏目に出てしまいましたよ。コミュニケーション不足が原因ですかね。私の方が泣きたいくらいです」と、氏はこぼしました。そして、「先生はどのように学生を教育しているのですか」と逆に質問を受けた次第です。

あくまでも「オレ流」ですが、と前置きした上で、次のように答えました。ゼミナールでは職業社会を意識しつつ、学びの心構えを丹念に説いて、学ぶ意味を納得させることに時間をかけます。

学びの過程では、任せる箇所は任せても、困難に直面する場面、あるいは方法や知識が必要な場面では、助言や指導を徹底的に行います。

一人ひとりの資質を見極めるまでは手探りですが、好悪の念を抜きにして個人面談を頻繁に繰り返しながら、権威に頼ることなく信頼関係を築いていくように努めています。コミュニケーションの質は、その量に比例するのではないかと、考えています。

もちろん完璧な教育はないでしょう。ですが、私の拙い経験からすると、教育には、可能な限り時間を確保することが最も大切だと思います。学生に迎合する必要性など感じたことはなく、決して、迎合してはいけません。

ただし、学生気質の変化が著しいことも事実です。大学大衆化の時代にあっては、学生の意識や行動を理解しつつ、いかに学生の成長を促すかが、人間性を含めた教員の真価が問われるところではあるでしょう。

職場においても管理職こそ、真の「働き方改革」を実行して、部下と向き合う時間を生み出すことが必要でしょう。管理職の「忙しごっこ」はやめなければなりません。

どんなに忙しくても、向き合う時間を生みだす
その努力が真の「働き方改革」を生みだす

23 「エンゲージメント」と「働きがい」

年度末・年度初めは、異動、退職、新入など、言うまでもなく職場の人間関係に変化が起こる時期です。健康に留意しつつ仕事への意欲を新たにして、新年度に臨みたいものです。

最近は、仕事を巡るカタカナ語が、やたら流布されるようになったと思えます。ワークライフバランス、ハラスメント、モチベーションなどは、すでに日本語化していますね。キャリアデザイン、キャリアアップ、キャリアチェンジなど、キャリアに関連する言葉は、教育の面でも定着しました。

ただ、キャリアコンサルタントの資格すら有していない一介の老私学教員の身からすれば、わざわざカタカナ語で言う必要があるのかなと、疑問を感じる言葉もあります。

例えば、アンガーマネジメントは、「怒りやいら立ちを抑えて冷静に対応すること」でしょうが、要するにキレてはいけないという意味でしょうか。言い換えれば「平常心を保ち自然体で」がよいのかも。不愉快なことや失礼なことに遭っても、感情を表情や態度に出すことなく、感情の制御を心がけて言動に注意することは当然、いや常識でしょう。

ここ一番において、良心に基づいて正義を貫くことや正論を吐くことは、職業人として忘れてはなりません。ですが、複雑な人間関係の中で業務遂行するためには、隠忍自重はいささか大げさも、忍耐力や鈍感力あるいは寛容さも時には必要でしょう。短気は損気です。

また、最近はエンゲージメントという言葉も浸透しつつあります。その意味は、「構成員が組織との信頼に基づいて貢献意欲を向上させていくこと」です。ならば、日本語で簡潔に「働きがい」で良いのではないでしょうか。何よりも大切なのは、経営職や管理職が、働きがいを生み出す環境を整えることだと思います。

自由闊達《かったつ》で一体感があって、挑戦したり協力したりできる組織風土であれば、経験学習を通して構成員の職務満足が高められる結果、離職率低減や生産性向上という「果実」も得られるでしょう。とかく不機嫌な職場では、小田原評定のごとき会議が延々と続き、部署間での情報共有など皆無で、責任転嫁と相互批判が日常茶飯事。朝令暮改《ちょうれいぼかい》や欠席裁判に翻弄《ほんろう》される現場は、疲弊するのみです。

本来、誰しもが仕事を通して自己成長したいと思うものです。働く者としては、仕事を巡るカタカナ語の「名」よりも、それらが意味する「実」を取らなくてはならない。失礼ながら、まずは経営職・管理職こそ、脚下照顧が必要なのでは。

仕事で使うカタカナ語は、その「名」ではなく、その意味する「実」を取らなくては……

24 北風と太陽

　人事異動では、言うまでもなく、自分自身が異動する場合があったり、上司や同僚が異動する場合があったり……。ともあれ、部下は上司を選べません。

　過日、ある地元企業で営業畑一筋の方と、昼食をご一緒する機会がありました。氏は気さくで陽気な性格。異業種交流にも熱心に参加されていて、人間関係も幅広い方です。私も長年にわたって、多くの企業人を紹介していただいており、恩義のある方です。

「実は、この4月から新しい上司に代わりましてね。社長が、営業推進の即戦力として外部から役員を迎えました」と、氏はうつむき加減で話しました。

「今日はいつもの元気がないみたいですが、お疲れですか」と、私がけげんな顔をして尋ねると、「今度の人は雰囲気的に話しかけにくくて、コミュニケーションがうまく取れないんですよ。ついつい避けるようになったり、話すことをためらったりすることが多くなってしまいます。それで昨日も、報告が遅いことを叱責《しっせき》されましたよ」との返答でした。数え切れない場数を踏んできたベテランでも、コミュニケーションに悩むのかと、驚いたものです。

話しかけにくい雰囲気とはどんなものか。失礼ながら興味本位もあって聞いてみました。まず、「前職ではああだった。こうだった」と自慢が口癖とのこと。これは絶対禁句でしょう。

次に、パソコンの画面から視線を外すことなく、「そう」という投げやりな返事や、手を挙げて「わかった。わかった」の合図が日常茶飯事。これは失礼でしょう。

部下であっても年長ならば、やはり長幼の序を忘れてはなりませんね。そして、居丈高で上から目線の物言い。これは嫌悪感や不快感を持たれてしまいます。よく言われるように、人間は感情の動物です。

要するに、この手の上司は人望がなく、職場のモラール（士気）は下がること間違いなし。あえて評論家的に言うならば、過去の成功体験を引っ提げて、鳴り物入りでさっそうと乗り込んできた自信家が、自己過信からか、権威と権限だけで組織を動かそうとするならば、面従腹背の部下を作り出すだけではないでしょうか。

現場からの生の声を吸い上げることができず、結果的にはさしたる実績も残すことなく、表舞台を去る事例も少なくはないでしょう。

言い換えると、経営職・管理職も商売と同じではないでしょうか。部下や後輩に寄って囲まれる方が、商売繁盛する。「北風と太陽」とは、やはり言い得て妙で、人を大切にする経営を忘れてはいけないと思うのです。

人を大切にすることこそ、忘れてはならないのに、忘れてしまう……

25 見た目が9割は真実か？

大学教員時代、キャリア教育や就職支援のあり方について、ある企業経営者を通して紹介してもらったヘッドハンターに、貴重な助言を多々いただきました。中でも心に深く残ったことが2点あります。

まず、「候補者」と初めて接触した際の第一印象が評価に大きく影響するという点です。「人は見た目が9割」「ビジネスの80％はファーストインプレッション（第一印象）」などの言葉は、これまで幾度も耳にしてきました。

コミュニケーションにおいて重要な要素は、見た目などの視覚情報55％、声の調子や話す速さなどの聴覚情報38％、話の内容などの言語情報7％であるとした、米国の心理学者が唱えた「メラビアンの法則」も知られているところです。氏から聞いた印象評価は「やはりそうか」と、納得できるものでした。

強烈な上昇志向やアグレッシブな姿勢を前面に出す人物は、逆に危うさが潜んでいるのではないかと疑ってかかるそうです。

また、いくら丁寧な受け答えであっても、ちょっとした言葉から自己過信や自信過剰、あるいは慇懃《いんぎん》無礼な態度を感じ取ることができるとか。ちなみに、自分自身の評価については、恐ろしくて聞くことができませんでしたが。

次に、転職活動をしていない即戦力たりうる人材や、職場環境が変われば即戦力となりうる人材の発掘と交渉に注力しているという点です。それはまるで、ダイヤモンドの原石探しのようです。

ヘッドハンティングとは、そもそも高額な報酬をインセンティブ（動機付け）として優秀な即戦力の人材を引き抜く仕事であって、通常の転職とは次元の違う世界だと、私は思い込んでいました。

輝かしい経歴を引っ提げて乗り込んできたプロ経営者が、トップダウン型の経営手法によって「〇〇マジック」と呼ばれるがごとく、手腕を発揮する姿を見ることがヘッドハンターの醍醐味《だいごみ》であるとは、私の勝手な想像でした。

しかるに、どの企業でいかに経営に携わったかが重要とのこと。欧米型企業の求めるプロ経営者が日本企業で失敗した事例は興味深く、人間関係を重視した業務遂行が基盤となっている日本企業の組織文化や意思決定の特徴を再認識しました。

クライアントに合致した候補者をえりすぐって紹介するという眼力勝負のヘッドハンティングの奥深さに魅了されました。学生の就職支援も個人面談を繰り返して、思考と行動の特性を見極めることが肝要であると痛感した次第です。

第一印象が、評価に大きく影響する
ちょっとした言葉が評価につながる

26 ミドルの転職

首都圏のとある非上場中小企業の財務部長から、退職する旨のごあいさつをいただきました。20年以上前でしょうか。私が前職のときに、家族の事情で東京で働くことを希望した学生の就職を支援してもらい、それ以来、ご厚誼《こうぎ》をいただいている方です。

氏は金融機関の出身であり、融資先企業の経営者から、自社の財務体質改善のために招かれたばかりでした。その経営者は三顧の礼をもって、氏を即戦力として引き抜いたわけです。着任直前に札幌でお目にかかった際は、新天地で重要な仕事に挑戦しようと、コロナ禍であっても生き生きとされていました。

「わずか6カ月で退職されるのですか。驚きました。何があったのですか」と、私は尋ねました。「社長が財務改革を断行してくれと言うので、各部署から提出させた事業予算改善計画を徹底的に見直し、思い切って財務体質を強化しようとしたところ、当の社長から待ったがかかりました」という返事でした。

さらに、「反発した部長連中が社長に、私のやり方に問題があると直訴したようです。所詮、外様は外様ですかね。社長も最後は子飼いの取り巻きの言を受け入れたんです。まあ、見事にはしごを外されました。改革なんて絵空事の組織の行く末を、外から見せてもらいますよ」と自嘲《じちょう》気味に語っていました。人材殺しも甚だしいと、私は憤りを感じました。

そのとき、「ミドル層の転職は意外に成功しない」という、ある経営評論家の話を思い出しました。「たたき上げ」の創業者が君臨するオーナー系企業では、役職者はトップの顔色を見て仕事をしている。加えて、おやじと番頭、手代のような前近代的な個人商店型の濃密な人間関係も色濃く残っている。それゆえ、領域を侵したり、既得権益を破壊したりする恐れのある有能な新参者に対しては、自らの保身も手伝って合従連衡《がっしょうれんこう》何でもありで、讒言《ざんげん》、誹謗《ひぼう》中傷は自然の成り行き。「社長にも火の粉がかかりますよ」と耳元でささやかれたならば、トップも私心優先で排除の論理に走ることは必定だそうです。

誰もが認める実績と信用を有している有能なミドルでも、新しい職場に身を置いて人間関係を一から構築し、各部門の調整業務を担うのに苦労することは必然です。こうした困難に果敢に挑戦していこうとする純粋な変革志向ミドルの後ろ盾となるのは、その人材を見いだしてきたトップの役割のはず。

組織の盛衰は、トップの器量と人間性がすべてということでしょう。

有能な転職者が成功しない責任は、その人材を獲得したトップにはないのだろうか……

27　人を見る眼

過日、ある就職情報会社からインタビューを受けました。売り手市場と言われている中にあって、未内定の学生の状況を調査するために、「どのような学生が内定を取れていないのか。パターンがあれば話してほしい」という質問でした。もちろん未内定者はそれぞれ事情や要因が異なります。ですが、私は「頑固・頑迷固陋《ころう》・強情」の類でひとくくりにできるのではないかと、回答しました。要するに、身の程をわきまえずに自分の意思だけを押し通そうとして、まったく指導・支援を受け付けない学生です。これには、2種類のパターンがあると考えています。

一つは、最初から聞く気すら持たない「ハード型」です。例えば、私が学生の向き不向きを考えて、「こういう企業はどうですか」と言えば、「まったく考えていません」と明確に拒否するタイプです。拒絶が複数回続くと、私も早期撤退します。不愉快な思いは残っても、去るもの追わず。気が楽です。

もう一つは、表向き優柔不断に見える「ソフト型」です。例えば、「エントリーシート は下書きをしたら、添削するからね」と言えば、「はい」と返事が返ってきます。次の面談時に「書いてみましたか」と聞けば、「まだ書いていません」との返答。ならば、指導は次回に持ち越し。当初から準備する気持ちは皆無です。私の経験では、このタイプの学生は聞く振りをして、実際には聞き流している場合が多いです。それゆえ、いつも籠絡《ろうらく》されて、消耗戦と化します。

この両者はワンマン経営にも当てはまるのではないでしょうか。一つは「ハードワンマン」、もう一つは「ソフトワンマン」と呼んでみるのも一興かと。

ハードワンマンは、権力を集中させてカネと人事を自由に操っていることが組織の内外から見える、姿形が明確な独裁的経営者です。外見や言動からも極めて明快なワンマン。周囲をイエスマンで固めて、恐怖政治で組織を動かしていく姿が容易に目に浮かんできます。

ソフトワンマンは、対人的には傲岸《ごうがん》不遜や厚顔無恥な態度は取らず、謙虚さを装い話に耳を傾ける、一見、温厚的経営者です。それゆえ、当事者は錯覚して真剣に助言や提案をするけれども、結局は徒労の連続。たとえ厳しい意見を言われても逆ギレすることなく、首肯したり、己の至らなさを自嘲気味に語ったりするものの、改善や改革を進めようとは毛頭考えない。オブラートには包まれていても、所詮は自分のやり方を貫いて、自分のやりたいように進めていくワンマンです。ある意味、性質が悪い。

老眼は進んでも、人を見る目を養わないといけません。

頑固、頑迷固陋、強情、聞く気なし、聞き流す人……にはなりたくない

28 改革ごっこ

周知のとおり、大学入試改革は、「改革ありき」で先行したために、粗雑な制度設計と実施体制の不備が露呈し、頓挫《とんざ》しました。この失敗を招いた責任をいったい誰が負ったのでしょうか。

「巧遅は拙速に如かず」（できがよくても遅いのは、できがまずくても速いのに及ばない）という格言もあります。けれども、国の規制改革や行政改革であれ、大学のカリキュラム改革であれ、はたまた小売店舗改革であれ、改革を成功に導くためには、積み上げ型の緻密な検討と精緻な工程表、加えて不測の事態にも備えた臨機応変な管理運営体制の構築が求められると思います。そして、改革者は、純粋な改革理念の下に、その実現に執念を燃やしながら、持てる限りの力量と手腕を発揮し続けることが必要です。

無能なお方が権限を振りかざして、「改革ごっこ」の誘惑に駆られたならば、まさに

「殿のご乱心」。改革の掛け声は羊頭狗肉《くにく》、改革の動きは竜頭蛇尾になるのは必至でしょう。当初から予想されていた哀れな結末を迎えると、後始末と修復が大変です。振り回された周囲はさんざんな目に遭います。雨降って地固まるどころか、組織の再建が困難を極める場合もあるでしょう。

私のささやかな経験によれば、この手の輩《やから》は、過去のほんのわずかな成功体験に酔いしれています。自己過信と生来の傲慢《ごうまん》さから、計画・実行・検証・改善のPDCAサイクルを繰り返すことはしません。言い換えれば、人の意見や苦言に謙虚に耳を傾けて、内省や自省をすることは皆無です。逆に、改革失敗の際には言い訳に終始し、周囲に責任転嫁して欠席裁判を楽しみます。酒席であればなおさら、「あいつは、ああだ、こうだ」と罵詈《ばり》雑言のオンパレード。同席の茶坊主や太鼓《たいこ》持ちも、お追従でその場を盛り上げます。

改めて考えるに、改革を志す者には、何よりも人望に裏打ちされた対話力が求められます。人を命令・統制だけで恣意《しい》的に動かそうとするならば、うわべだけの面従腹背になってしまう恐れあり。経営職と管理職との間で、あるいは管理職と従業員や職員との間で、改革の価値観をすり合わせなければなりません。

とりわけ部下が年長者ならば、長幼の序をわきまえつつ丁寧に説明し、納得してもらうことに意を尽くす必要があるでしょう。また、経験の浅い部下には、目線を同じ高さにおいて共感的理解を促すことが大切でしょう。

改革こそ、「神は細部に宿る」を忘れずに。

「羊頭狗肉」に「竜頭蛇尾」、そのうえ「雨降って地固まらず」では困る

29　企業人の矜持《きょうじ》

東京に本社がある大手企業の取締役の方と、先日会食をしました。札幌支店長時代、学生の採用人事が縁で意気投合。単身赴任の氏とは頻繁に外食を共にしたものです。以来、本社転勤後も、取締役就任後もご交誼《こうぎ》いただいています。今回は札幌出張の折、久しぶりに再会しました。氏をX、私をHとし、記憶をたどり、その時の一部を再現してみます。

X——そう言えばこの店で「採用をお願いします」から始まって、推薦学生の履歴書をお預かりしたこともありましたね。

H——お恥ずかしい限りです。その節は本当にお世話になりました。ところで経営に参画されるようになって、お仕事はいかがですか。

X——実は最近、社長には失望しています。社長就任時には「俺なんか器ではないよ」なんて謙遜《けんそん》気味に言って、私も相談相手になったものですが、在任期間が長くなると、人は変わります。取締役会は社長の独演会ですかね。私が意見を述べると、露骨に不愉快な表情を浮かべます。正義感の強い一言居士の先輩役員たちは退任し、平身低頭の役員が大部分を占めるようになり、保身のためか、ものを言わない雰囲気が支配的です。

H――打算と思惑で上役の機嫌ばかりをうかがうヒラメ役員が増えたということですか。英知を集めて自由闊達《かったつ》に議論してこそ、本来の取締役会でしょうが、実態は「取り締まられ役会」ですか。自信過剰から謙虚さが失われ、傲慢《ごうまん》になっていく。そして取り巻き連中が余計に錯覚と勘違いを起こさせる。典型的な負のスパイラルですね。

X――取引先に高級接待を要求するようにもなりました。地方出張はぜいたくな旅行三昧《ざんまい》。経営トップとしての品格が問われます。極め付きは人事。誰が見ても「何であの人が」という者を役職に引き上げています。私は近いうちに外されるでしょうが、40年お世話になった会社への恩返しのつもりで、たとえ四面楚歌《そか》になっても、口はつぐみませんよ。

H――Xさんは力量手腕だけでなく人望もあり部下からは敬愛されていると、今の札幌支店長から聞いています。会社を憂う真の心があるから正論を吐くことができるのでは……。

以下は私の感想です。

「寄らば大樹の陰」「長いものには巻かれろ」「勝ち馬に乗る」「雉《きじ》も鳴かずば撃たれまい」等々、これらは処世術として言い得て妙。けれども、ただひたすら正道を歩み続ける者を、組織は案外軽視しがち。氏に企業人としての矜持《きょうじ》を見ました。真っすぐな生き方の美学をあらためて肝に銘じた次第です。

ひたすら正道、真っすぐな生き方、その美学をどう思いますか

3章

仲間と生きる、社会の中で生きる

30 思慮深さ

最近、「マイクロアグレッション（小さな攻撃やけなし）」に関する記事が散見されるようになりました。普段何の気なしに発せられることが多い、特定の集団などに対し、性別や性的指向を軽視、侮辱するような言動のことで、元々は人種差別の視点から捉えられてきた問題だそうです（『北海道新聞』２０２２年5月13日付朝刊）。例えば女性だけ「ちゃん」づけし、「〇〇ちゃん、お茶」などと言うのは、その典型的事例でしょう。

自戒を込めて言うならば、日常生活における何げない言葉や行為が、無意識のうちに相手を傷つけている場合も少なからずあるでしょう。「投げた石と発した言葉は戻ってこない」とは名言です。「このようなことを言えば、相手はどう思うだろうか」「このようなことをしたならば、相手はどう受け止めるだろうか」など、他者との関係性においては、常に言動に注意を払う必要があります。ＳＮＳ（会員制交流サイト）が普及し、誰もが気軽に発信できるようになった現代社会では、より思慮深さが求められるのではないでしょうか。人間はとかく得意なことで失敗したり、躓《つまず》いたりします。冗舌な人や健筆を振るう人ほど、逆に要注意です。

それはさておき、私自身非常に違和感を覚える表現を耳にすることが多くなりました。助数詞として「個」を多用、いや乱用する言葉遣いです。例えば、「1個上の先輩」（1年上の先輩）や「2個下の弟」（2歳下の弟）など、会話では当然のように出てきます。

非常勤講師で出講していた大学で、就職活動中の学生に「これから受験する企業はありますか」と尋ねると、真面目な顔をして「4個です」（4社あります）と答えました。私は笑いをこらえて「そうですか。頑張ってください」と言ったものの、「企業も卵扱いか」と思った次第でした。

この程度で驚いてはいけません。過日、空港のカウンターで、「前方座席に変更をお願いしたいのですが」と依頼したとき、航空会社の若手地上職員からは「通路側ですと、3個前の席が空いております」という返答でした。さすがに私は「えっ」と声を出してしまいました。その後すぐに「それでお願いします」と続けましたが。今や飛行機の座席もりンゴやミカンと同様な扱い。他社との競争もあって、航空会社はビジネスマナーあるいはサービスやホスピタリティーに関する研修を強化していると想像します。けれども、まずは正しい日本語の使い方こそ、社員教育の基盤ではないでしょうか。

言葉の世界でも「悪貨は良貨を駆逐する」のか。学校教育も反省しないことにはいけませんね。

投げた石、発した言葉は、いずれも戻ってこない

31 コミュニケーションの第一歩

コミュニケーション力を養うことは言うまでもなく、社会常識・マナーを身に付けることとともに、社会生活を営む上で重要視されています。

コミュニケーションはとかく言葉のキャッチボールに例えられます。大ざっぱに言えば、相手の言葉を受け取り、相手に言葉を返す、ということでしょうか。けれども、コミュニケーションはそのような単純な図式で語られるものではありません。むしろ単なるスキルを超越した「複雑系」といえるのではないでしょうか。

コミュニケーションに関する書籍は枚挙にいとまなし、という状況を目の当たりにすれば、コミュニケーションには奥行きと幅があるということを再認識します。

あくまでも私見ながら、コミュニケーション力は、「話し手に謙虚に耳を傾けて素直に聞く力」と「自らの意見や見解あるいは事実を誠実かつ確実に伝える力」という二つの要素から成り立っています。大切なことは、まずは相手の話を真摯《しんし》に聞くこと。余談ながら、ある政治指導者も「聞く力」を掲げていましたね。しかし、「その実態はいかに?」「自分に都合よく聞いているのでは?」と、陰の声が聞こえてきます。

人間は他者に好悪の感情を抱いたり、予断と先入観を持ったりする生き物です。私の教員人生を振り返ってみても、「何が」話されているのかではなく、「誰が」話しているかによって、真偽の判断をしたり、賛成・反対の意見を表明したりする光景を幾度となく見てきました。同様な主張であったとしても、A氏なら認めるも、B氏ならば認めない。気に入らなければ、発言をさえぎって一方的に反論したり、徹底的に非難したりする。それはある意味、醜い姿。

もちろん日常の言動や仕事への取り組み方などから、人物評価が作り上げられていくことは、否定できません。自己中心的な行動や独断専行は嫌われる。小手先の処世術や手抜き三昧《ざんまい》は直ちに見抜かれる。天網恢恢《かいかい》疎にして漏らさず。自業自得であり、一度立った悪評を覆すのは至難の業。信用されない輩《やから》の言説は受け入れられないのもやむなし。

ですが、どのような人物であったとしても、とりあえず話を聞くことは寛容の精神かと。私心や打算から発したものか否か、根拠や理由には正当性があるか否か、意図や真意はどこにあるのか等々を確かめるためにも、注意深く話に耳を傾ける。時間が惜しいかもしれませんが、可否判断はそれからでも良いのではないでしょうか。虚心坦懐《たんかい》に聞く意識は、自己の心情との葛藤です。

時間を惜しまず、相手の話を、「真摯」に聞くことができていますか

32 責任と義務

「頑張っているのに、上は評価してくれない」「普段手を抜いているやつが、目立つところで点数稼ぎをするよなぁ」など、この手の不平不満を聞いたとき、どのように言葉を返されているでしょうか。「仕事は誰かがきっと見ているよ」「ちゃんとしていれば、結果は後からついてくるさ」などの励まし、あるいは慰めの言葉をかけるのが一般的ですかね。

仕事は誰かが必ず見ていることは、真実の世界であると、私は信じて疑いません。最近、それを再確認しました。雨天時のことでした。

空路で移動する際には、私はなるべく航空機の窓側Aの席を利用します。航空機が駐機場から滑走路に移動するとき、屋外で作業される大手航空会社グループ企業の地上職員の方が、必ず手を振って見送ってくれます。果たして何人の乗客が、その様子を見ているでしょうか。

私はその見送りに応えるべく、いつも小さく手を振り返すようにしています。すると、片手を振っていた方が両手を振ってくれたり、深々と会釈されたりするのです。彼ら彼女らが私に目を留めて返答してくれたと、自分勝手に解釈しています。

完全防御の雨具を着用しているものの、体全体から雨粒を滴らせながら見送ってくれる姿を見ていると、本当に感激します。そのような見送りも業務の一環でしょうから、特に褒《ほ》められることもないでしょう。でも、私のように、見ている人がいることも紛れもない事実です。

このとき、私が手を振るところを見ていた客室乗務員（キャビンアテンダント）の方から、地上職員への思いやりに関するお礼のメッセージカードと、甘さ控えめのキャンデーをいただきました。気恥ずかしい限りですが、やはり、行為や行動は必ず他者の目に触れるものですね。「天網恢恢《かいかい》疎にして漏らさず」という戒めも思い出します。

航空業界では、とかく機長や操縦士ら運航乗務員と客室乗務員のクルーが注目されます。しかし、航空機の運航を支えるために、他部門の方々が、おのおのの業務を担っておられることを再認識する次第です。「一隅《いちぐう》を照らす」ことの尊さよ。

俗に言う裏方の仕事や、むくわれない仕事にも誠実に取り組む者や、ひたむきに正道を歩む者に対して、人は案外、気づかない、あるいは気に留めないものです。

それでも、人が見ようが見まいが、与えられた業務や引き受けた仕事に関しては、最後まで責任と義務を果たすこと。健全な魂は健全な肉体に宿るがごとく、仕事への純粋な動機と真摯《しんし》な姿勢は、真正直な人生観の持ち主に宿るのではありませんか。

今は人に気づかれていない、
けれどもそこにも、「一隅を照らす」人がいる

33 「人柄」も差別化要因

大学教員時代のことです。他大学に勤務する友人から、「聞いてよ。がっかりだ」という愚痴《ぐち》の電話がかかってきました。

インターンシップ参加を控えたゼミナール生に対して、自律的かつ自立的に働くことをテーマに、あるキャリアコンサルタントに話をしてもらったところ、打ち合わせた内容から大脱線して、「キャリアアップにはパーソナル・ブランディングが重要であり、転職や起業を視野に入れつつ専門性を磨いて、ＳＮＳ（会員制交流サイト）で意識的に外にアピールして自己実現しよう」という内容になったそうです。

キャリアコンサルタントの話はカタカナの専門用語・業界用語が氾濫していて、学生もついていけなかったようです。質問する学生には逆質問を切り返してやり込めたそうで、学生たちは「そこまでしないと駄目なのか。自分にはできない」と、不安を覚えたそうです。

話を聞いた私は「その人はナルシストか。何がパーソナル・ブランディングだ。組織の中で仕事をしていく力を伝えていないよ。安易に自己実現なんて言うなって」と、怒り心頭になりました。

人が仕事で評価を得ることと、商品のマーケティングとを混同してはいけません。言うまでもなく、人は、感情の動物である他者との関係性の下に生きています。

リアルな「つながり」が希薄化している現代社会において、自己中心的な言動の傾向が強くなりつつある学生に気づきを与えるためにも、周囲の「まなざし」の中で仕事をする意味を伝えることが必要ではないかと考えます。

もちろん仕事を通して、自身の力量や手腕を高めていくことは当然です。ですが、あくまでも私見ながら、己を前面に押し出して売り込もうとする野心がぎらつく人は、短期間に数字や結果だけを追求するあまり、仕事の過程が粗雑になりがちではないでしょうか。

損得勘定やご都合主義で自分勝手に振る舞うことは、悪評の源泉になります。それは地下水脈となって組織全体に流れ、枯れることはありません。事がいったん起きれば、間欠《かんけつ》泉《せん》のように噴出します。

いつも自然体ながら、ちょっとした思いやりの一言や小さな親切などの「温かさ」や「優しさ」が無意識的に現れる。そのほんのわずかな人との差異が、誰かの目に留まったり、心を打ったりして、好感を持ってもらえたり、評判が高まったりするのです。

その結果、周囲から好意的に認められて、自身にとって仕事が進めやすい環境につながっていくのではないでしょうか。

人柄こそ、専門性よりも模倣されにくい、周囲との差別化要因かもしれませんね。

周囲の「まなざし」の中で、仕事をしていることを忘れないように

34 表情も身だしなみの一つ

過日、道内大手企業を退任された取締役経験者の方と、書店で偶然お会いしました。現役時代には学生の就職でお世話になりましたので、コーヒー店にお誘いをしました。「悠々自適ですね」と話しかけると、「ないないづくしから開放されて、元気にやっています。辞めてよかったです」との言葉が返ってきました。

「ないないづくし」の意味を聞くと、「意味のない会議、楽しくない接待、トップの訳のわからない指示、能力のない管理職」でした。私は思わず口から、アイスコーヒーを噴き出しそうになりました。ですが、この手の話は嫌いではないので、やじ馬根性丸出しで、具体的に根掘り葉掘り聞きました。40年以上ビジネス現場を生き抜いてきた方なので、私には臨場感あふれる時間でした。別れ際に、「感情を決して表には出さないことですよ」と貴重な助言をいただきました。

それから数日後、私も「楽しくない会食」を経験することに。今は東京の本社で取締役に就かれている元札幌支店長の方から、新任の札幌支店長が元部下なので紹介したいという旨の連絡をいただきました。札幌支店長時代には、これまた学生の就職でお世話になった方でした。氏の札幌出張に合わせて、私の方で昼食のお店を予約しました。

氏から新任の支店長を紹介されて、まずは型通りの名刺交換をしました。「頭を下げない人だな」との第一印象を持ちました。私が最も不愉快に感じたことは、食事の時の新支店長の表情でした。私と氏で話が弾んでいるときに、話の中には入ろうともせず、ただ食事をしているだけ。食事を終えた後もさめた感じで、氏が共に仕事をした昔話をすると、「そうでしたねえ」と、事務的に返すのみでした。

私が話題を向けても、最低限の返事だけで、「孤食」がお好きな方なのかもとも思いましたが、「嫌だったら、さっさと帰れ」と、私は心の中で叫びました。

気配りもなく、お茶のお代わりや食後のコーヒーを私が頼む羽目になりました。最後は形だけのお礼で終わり。私が会食代を負担しましたが、後日にお礼の電話やメールがあるはずもなし。企業人としては非常識極まりなし。まあ、それは人間性の問題もあるでしょうが。

あくまで邪推ですが、本人は元々会食する気などなく、かつての上司に誘われたから仕方なく同行したと、受け止めました。身銭を切って、気を遣《つか》って、不機嫌な時間を過ごしたと考えると、むなしくなります。けれども何かを得たと考えれば、貴重な時間でしょうか。今回は「表情も身だしなみの一つ」ということを改めて認識することになったのですから。

頭を下げない、最低限の返事しかしない人……
むなしい人にはなりたくない

35 理不尽

地元企業の若手管理職数人と会食する機会がありました。

仕事に真剣に向き合いつつ、積極的に業務改善や人事制度見直しにも取り組んでこられたことに対して、日頃から敬服しています。

彼らの口をついて出る言葉は、改革が進まないことへの嘆きが中心でした。改革派ミドルの前に立ちはだかる障害の多さを再認識しました。その実態は、経営者や直属の上司に帰着するものが大半でした。

「地道な努力や成果を評価しない」「現場の生の声に耳を貸すことなく、経営意識や経営方針を変えようとしない」「能力主義を声高に叫ぶ割には、えこひいき、お手盛りの昇進人事を行う」等々でした。

社外で心置きなく話すことができる雰囲気ゆえに、その不満は無尽蔵の地下資源のごとし。また「やたらプライベートな時間を自慢げに話す」経営者への批判は、「自分の趣味をひけらかして悦にいっている姿など見たくもない」と、異口同音の大合唱。私も大いに共感しました。

企業の管理職と私学教員では、職務や職場環境も異なります。それゆえ、安易に意見や感想を述べることは、軽率の謗りを免れないかもしれません。ですが、所詮は同じ「日本人」。私の独断と偏見に基づく「悪徳無能上司5原則」が当てはまるのではないでしょうか。

《1》思惑・打算・嫉妬から簡単に人を認めようとはしない
《2》虚心坦懐《きょしんたんかい》に提案や意見に耳を傾けない上、素直に現実を見ない
《3》正論を述べる者より阿諛追従《あゆついしょう》の輩《やから》を昇進・昇任させる
《4》失敗の責任を部下に転嫁し自らは知らぬ存ぜぬを決め込む
《5》悪意に満ちた中傷と酒席での欠席裁判を好む

これらの理不尽に負けてはなりません。誠実さと情熱を持って仕事に精一杯取り組んで、成果を出して続けていくことが肝要。謙虚さと礼儀を忘れることなく、人には丁寧に

接する。サンティアゴ巡礼に向かうほどの純粋な仕事動機を持って、難路を「陸王」を履かなくとも自分の歩幅で歩く。

仕事は誰かが必ず見ています。

人間関係において信頼の蓄積を怠ることなく、そして縁と情を大切にするならば、手を差し伸べてくれる人、手招きしてくれる人、飢えや渇きを癒やしてくれる人との出会いが必ず待っていると思うのです。

仕事は誰かが必ず見ている
縁と情を大切に

36　一言の恐ろしさ

極寒、凍結、降雪・積雪に対して、避けることなく向かっていく気持ちが弱まっていくことは、老いを実感することの一つかもしれないと、私は思っています。そして、なるべく楽をしたくなってくるのは当然の成り行きです。過日も雪が降ってきたので、タクシーを利用しました。このとき乗車したタクシーの乗務員さんは昭和50年代からの経験者で、タクシードライバー一筋の方でした。

北海道は、冬場は路面が凍結し、除雪した雪や捨て雪が車道まではみ出ているので、道幅も狭くなっています。ましてや宅配便の商業車などが路上駐車していると、車線も減少しています。車は進みません。

歩車分離信号で停止したときや青信号でも動かないときには、渋滞を百も承知している乗客でも、いらついてしまうのは世の常でしょう。

たいていの乗務員ならば、「つるつるだもん」「抜け道がないからね」「今日は特にひどいよ」等々、言い訳をするところでしょう。

ところが、この乗務員さんは、車の流れや信号を読みながら道順を変えていきます。乗客の心理を見抜いて停車状態を極力作らない技は、人間国宝並み。道順を変更するときには説明があります。さらに驚いたことには、それはいちいち納得させられる理由でした。もちろん丁寧語で。あまりの流暢《りゅうちょう》さに感動を通り越し、「何で変えたんだよ」と文句をつける乗客の可能性をも想定して、無用なトラブルを事前に避ける予防措置かとも思った次第です。

「タクシーの醍醐味《だいごみ》を堪能しました。ありがとう」と心底からお礼を言いつつ、料金通りに支払ったところ、彼はぽつり一言。「余計なことしなくて済んだわ」と。釣り銭を渡すことは手間がかかることゆえ、思わず本音が出たのでしょう。ですが、真心のこもった接客サービスを最後まで考えたならば、例えば「ちょうどいただきます。助かります」と言うのではないでしょうか。

興ざめのラストシーン。敬服から失望へのどんでん返し。悲しいかな、片言隻句《へんげんせきく》から当人の人間性が見て取れますね。

語彙を豊富にして言葉を美しく使えるようにするためには、どこまで自分自身の感性を磨き上げるかが鍵といえます。言い換えれば、コミュニケーション能力は、言葉はなくとも相手が抱いている感情を理解できる段階にまで高めることが必要なのです。

プロ野球の試合解説では「一球の怖さ」をよく耳にしますが、サービス業では「一言の恐ろしさ」があるはずです。

思わず出る本音の一言、後悔しても、もう遅い

37 欠伸《あくび》をする人

屋外の寒さが厳しいと、屋内の暖かさのありがたみが増すというもの。しかしながら、昼食をとった後の時間の暖かさは、集中力の欠如を招く恐れあり――。

冬の時節に、午後の時間帯に高校の出張講義に行くと、生徒の欠伸や居眠りが散見されるようになります。たかが50分程度の話を集中して聴けないようでは、大学での90分講義に対応できず、お気に召すままの居眠りタイムになる可能性大でしょうが、まあ起こすのも親切、起こさないのも親切ですか。

いつぞやのことです。とある高校で学年全体を対象に講話をしている最中、教員が欠伸しながら、居眠りしている生徒を起こしている姿は滑稽でした。マナーの観点からは、両者は五十歩百歩。私は笑いをかみ殺して話を続けた次第です。

地下鉄車内で若い女性が大きな口を開けて欠伸する光景は、車内での化粧や飲食と同様、珍しくなくなりましたね。「時代も変わった」と思えども、一介の老教員の目には嘆かわしく映ります。また、企業訪問したときにも、管理職が声まで上げて欠伸をしている場面に何度も出くわしました。私の皮膚感覚では、管理職が平気で気の緩みをもたらす職場のモラール（士気）は、低いように思えてなりません。

ある大手企業の説明会を見学したときのことを思い出します。会場は座席指定で、大学名と学生氏名を座席表で確認することができるようになっていました。説明の際中に、採用担当者が欠伸をしている学生の座席番号に×を付けていたことを、鮮明に覚えています。1回の欠伸でその学生は、当該企業からは落とされる運命に。

もちろん欠伸は生理的現象でしょう。私的空間や周囲に誰もいない時や場所では、思い切りするのも、緊張緩和や気分転換からも良いのではないでしょうか。ですが、決して美しい所作ではないと思います。そうであるならば、講演会や講義などを含めた公共の場や衆人環視の場では、マナーが求められるのではないでしょうか。

可能な限り欠伸を我慢することを第一とし、どうしても我慢できないときには周囲に気づかれないように、手を口に当てて下を向いてそっとする。この程度のマナーならば、高校生でも十分身に付くのではありませんか。

知らなければ教えることが教員の仕事。「教える側のマナーは大丈夫か」とは陰の声。たかが欠伸、されど欠伸。外形に表れることは、すべて人物評価につながるのですから。

欠伸も案外、人物評価につながる

38　誤字脱字

私のコラムを新聞で愛読していただいている読者の方からご意見やご感想を頂戴することがよくありました。活字にして表現する責任の重さをいつも再確認させられます。

口頭では説明不足を補ったり、訂正したりすることは案外容易です。けれども、文章は残ります。たとえ運良く、後日に訂正ができたとしても後の祭り。誤解のないように伝える内容を吟味して、不適切な表現や曖昧な記述を排するために、意を尽くして執筆しなければなりません。

今は鬼籍に入られた、私が最も尊敬する恩師は、「大学教員は口だけでは評価されないし、信用されない。根拠に基づいて正確かつ的確に文章で伝えないといけないよ」と話されていました。私はこの言葉を肝に銘じてきました。

とはいうものの、文筆家でもない一介の私立学校教員としては、いつも苦しんでいます。読者の皆さまにおかれましては、ご海容賜れば幸甚に存じます。

それはさておき、具体的には、読者からお電話をいただいたり、お手紙、おはがきが届けられたりしています。驚くべきことは、お便りがほぼすべて直筆でつづられていることです。それも達筆に加えて、誤字脱字が皆無。

SNS全盛時代となり、古き良き慣習や礼儀・作法が消えていく現代社会にあって、逆に直筆のお便りは価値が高まったともいえますかね。私も直筆にて、はがきでお返事を書くことにしているものの、内容の確認や誤字脱字の点検には気を遣います。執筆とはまた異なる姿勢と取り組みが求められるとともに、新たな緊張感も生まれます。

仕事の世界では当然のことながら、PC（パソコン）での文書作成が主流です。もちろん業務の効率化を進めることは必要不可欠でしょう。ですが、時間短縮で生み出された自由に使える時間は、人にしかできない仕事に利活用しなければ、仕事の質は向上しないのではありませんか。

過日、私が搭乗したある大手航空会社の運航便において問題があったため、コメントカードを提出したところ、回答と謝罪の文書を落手しました。苦情処理専門部署からの返信ゆえ、スキルとノウハウが蓄積されているのでしょう。非の打ち所がない言葉遣いに加えて、まったく隙《すき》のない緻密な構成でした。でも、宛名で「南円山公園」と書くべきところを「南丸山公園」と誤記されていました。画竜点睛《がりょうてんせい》を欠くならば、すべて台なしか。

文章の校正や点検にも仕事力の差が出る。自戒を込めて、やはりそれは丁寧に。

非の打ち所のない文章も一つの誤記ですべて台なしになる

39 立つ鳥跡を濁さず

地元企業の経営者と会食をさせていただく機会がありました。

総合職として採用し、将来を期待していた女性社員が急に退職をすることになった話を伺いました。

「入社早々の結婚。いきなり産休、育休を取得した直後の退職、そして有給休暇完全消化には驚きました。

採用面接時には『貴社でキャリアを積んでいきたい』などと言ってたんですよ。今どきの若者の心は理解できません」と、その経営者はあきれ顔で話されていました。

その時に、「男性管理職よりも先輩女性社員の方が怒り心頭だった」との話を聞いて、私は妙に納得してしまいました。

従来の日本の職場は湿り気の多い組織風土だと思います。ようやく乾いた風が吹き始めているものの、ウエットな情の世界が残っていることも事実です。

労働者の権利を行使することも、退職や転職、職業の選択も自由です。けれども、そのような退職の仕方に何か割り切れないものを感じてしまう……。

彼女が長期休暇を取得している間、上司や先輩が肩代わりしてくれたことが多々あると推察します。それぞれ過重負担になったかもしれません。

もし、そうした職場内でのフォローに対する感謝の気持ちが少しでもあるならば、職場復帰後は一定期間勤務することによって、仕事を通して恩返しをしていくというのが社会人、組織人としての常識だと、私は思うのです。

そしてそういう意識こそが、日本語でいう「律義」とか「美徳」とかいった心を示す態度であり行動でしょう。

いまや個の時代。企業忠誠心や運命共同体という類の言葉を持ち出すことは、いささか時代錯誤でありましょう。

けれども、男女を問わず若手社員の帰属意識が薄れてきていることは否定できません。社会常識や社会通念も時代とともに変化していくもの。ですが、立つ鳥跡を濁さず。礼を失したり、義理を欠いたりしてはいけませんね。

辞める時にはきれいに辞める。そういう心持ちはどんな場合でも持っていたいものです。

その行動、礼と義理に欠けるところはありませんか

40 引き継ぎ

人事異動は悲喜こもごも。もちろん昇任・昇格や栄転もあるでしょう。他方、左遷という言葉は最近あまり聞かれなくなりましたが、不平不満の人事も多々ありや。けれども、どのような人事であっても他部署や新任地に異動する前に最も大切な仕事は、後任者への業務の引き継ぎではないでしょうか。

この引き継ぎに際しては、当人の人間性が如実に表れてくる場面の一つだと思います。引き継ぎは、駅伝のように業務のたすきをつなぐことです。「後は野となれ山となれ」では、仕事人失格。後任者に託する気持ちが何より大切です。そして、後任者が着手しやすいように工夫することが第一です。

引き継ぎ資料は後任者の立場に立って作成しなければなりません。かつて自分自身が後任者であったときに困ったことを思い出せば、いろいろ浮かんではきませんか。

継続性の観点からは、文書による可視化が必要不可欠です。後任者の業務経験や業務知識にも配慮して、記述には意を尽くしたいものです。また、交代直後3カ月間程度までの優先順位を示してあげることも必要でしょう。

内示などから異動まで時間的余裕はさほどないでしょう。ですが、どれだけ意識的に引き継ぎ時間をつくることができるか否かが重要です。

意志あれば道あり。離任ゆえに手のひらを返したような対応や、粗雑な引き継ぎ資料をメールで一方的に送ることは、罪つくり。

何も1回のまとまった時間ではなくてもいいのではないでしょうか。短時間であっても後任者との接触回数を増やすことの方が、逆に意思疎通が図られるかもしれません。

紙媒体の引き継ぎ資料に沿って、後任者には丁寧に説明していくことが大切です。後任者が初めて経験する部署ならば、なおさら時間をかけて説明しなくてはなりません。

情報通信網の発達で、どこにいても問い合わせは可能ですが、質問に快く答えてくれたり、気さくに相談に乗ってくれたりする先輩や同僚が近くにいれば、心強い限りです。

困ったときに頼りになる人を紹介しておくことも、引き継ぎとしては親切この上なし。ともあれ、引き継ぎは手間がかかります。手を抜くならば異動後、後任者から頻繁に問い合わせが来るかもよ。ついつい、いら立つ場合もあるでしょう。

たとえ異動に不満でも、立つ鳥跡を濁さず。最後まで職責を全うすることは仕事の美学です。誰かが必ず見ています。

手を抜かない
最後まで職責は全うする

41　足りない語彙力と礼儀

大学教員時代、他大学に勤務する友人たちと会食する機会がありました。大学大衆化の時代にあっては、もっぱら話題は学生の学力低下や気質変化になってしまいました。その中で印象に残った話を紹介したいと思います。

「教科書を買わなくなったね」と、経済学部所属A氏の愚痴。教科書を買わない学生が増えつつあるため、大学生協や書店からも悲痛な叫びもあるそう。すかさず法学部所属のB氏も、「六法全書を持参しない学生など珍しくない」との話を披露。「まあ、条文も読めなくなってきているからね」とも。そういえば、本州のあるマンモス私立大学法学部の某科目試験は、○×式です。学生からは「楽勝」と呼ばれて、1番人気。

かつては講義中、教科書に指定した自著を販売して、自ら代金を回収した猛者教員もいましたが、それは遠い過去の出来事。「愛は惜しみなく」ならまだしも、今ではスマートフォンに惜しみなくお金を使う。

だが、教科書代はけちる。活字文化への価値意識は超低空飛行。教科書等を必ず持参して授業に臨む高校生には、驚く話かもしれません。

さて、文章力低下が叫ばれる昨今、基本は語彙《ごい》力です。漢語をはじめとする語彙力は、活字を熟読することを通して養われるのではないでしょうか。

教科書を精読することも語彙力養成には有効です。ひいてはリポート作成や卒業論文執筆にも活用できると思うのですが。

でも文系学部ならば、卒業論文とは無縁のまま卒業する学生が多いことも確か。

「自己主張だけはするねえ」とは、経営学部所属のC氏の弁。「一方的に自己を正当化するけど、意に沿わない助言には感情をあらわにして聞かない」と、謙虚さの欠如を指摘します。

また、人文学部所属のD氏は「ゼミの食事会でご馳走しても、翌日会っても礼を言わない」と、不満げに話しました。学生との関係を仕事と割り切っている私は、「礼なんて期待しない方が、精神衛生上良いと思うよ」と応答した次第です。

礼儀作法の問題は古くて新しい。「今日は先生にご馳走してもらったよ」と本人が言えば、「よかったね。明日ちゃんとお礼を言いなさいね」と、保護者が答える。「うん、そうだね」との返事が返る。邪推ですが、このような会話すら成り立たない家庭もあるのかもしれません。

行動原理は自分中心主義。身の程知らず。欠礼・非礼は枚挙にいとまなし。しかるに、嘆いても始まらず。割り切ってすべて仕事と思えば、何ら腹の立つこともなし。適度な距離を保ちつつ、学生の教育と支援に努力するのみです。

嘆いても始まらない 適度な距離を保ちつつ、支援の心を

42 非対面コミュニケーション

過日、東京に出張したときの出来事です。大都会のビル群の中に埋没してしまい、堂々巡りで訪問予定先の団体が入居しているビルにたどり着くことができませんでした。

その団体に電話したところ、始業前でしたので、「本日の業務は終了しました……」との心がこもっていない留守番電話メッセージが流れました。「本日は業務終了ではなく始業前だろうが」と、私は独り言をつぶやいておりました。まあ、こういうことを人前で言うならば、嫌われる老人になるのでしょうね。

手荷物も重い上に、夏日で汗だくとなってしまいました。そこで、「道順は見ず知らずの人に聞くよりも交番で尋ねるように」という、小学校時代の教えを思い出し、交番を探し当てて行きました。ところが、警察官が不在でした。余談ながら、警視庁も人手不足や経費削減に直面しているのかと邪推しつつ、交番から警察署に直接つながる固定電話を利用しました。

「はい、〇〇警察署です。どうされましたか」と、男性警察官が電話口に出ました。これがまた応答が早く、待たされませんでした。「△△X丁目Y番地の□□ビルにはどのように行けばよろしいのでしょうか」と、私は尋ねました。彼はとても親切に順路を伝えてくれました。最後に「ありがとうございました」とお礼を言うと、「どうかお気をつけて。失礼致します」との返事が返ってきました。私はその丁寧さに驚いたり、感動したりしました。要するに、期待以上の対応でした。

電話を通した声は穏やかで澄んでおり、間の取り方も上手。私は乏しい想像力を持って、その警察官は好青年と勝手に思い込みました。コールセンターやインフォメーションサービスの応対よりも、むしろ水準が高い印象を持ちました。軽率の誹りを免れないことを承知の上であえて言うならば、警察も上質のサービスが求められる時代でしょうか。

翌日、某大手企業で研修部門を担当している管理職の方と会食した際に、前述の電話応対が話題となりました。「スマートフォン全盛時代なので、新入社員による固定電話の対応が心配なため、固定電話研修を強化した」と、氏は話されました。

外部からの電話は、相手の姿が見えないからこそ待たせることなく、声の調子や反応速度、あるいは受け答えの言葉遣いなど、細心の注意を払わなければならないでしょう。

「一に面会、二に電話、三、四がなくて、五にメール」といえるのかもしれませんね。便利であっても、メールでは文章力が問われ、電話では応対力が問われます。非対面コミュニケーションは恐ろしい。

Eメールで文章力が問われ、電話で応対力が問われる

43 信頼される仕事人

ミドルからシニアへの、初老の階段を上る年頃となっても、良い意味で「なぜか心に残る人」「忘れ得ぬ出来事」は、やはり仕事を通して出会う場合が多いですね。

ある企業経営者を訪問させていただいたときのことです。

仕事を通して、人として信頼されるためには、口舌《こうぜつ》の徒や社内政治屋に堕することなく、与えられた仕事や引き受けた仕事からは、苦しくとも決して逃げてはいけないという、仕事人としての矜持《きょうじ》をその方に伺いました。共感の瞬間でした。

また、たとえ自らの力で仕事を成功させたとしても、その成果を自己宣伝することなく、一人静かに振り返ることの喜びも語っておられました。

「菊作り菊見るときは陰の人」の心境といえます。

澄み切った境地に達することは理想でも「言うは易し、行うは難し」。けれども、人格の陶冶《とうや》に励むことに終わりなきことを、私は再認識しました。

話はこれで終わりません。社長室から退出する時には、エレベーター口でお別れすることが大半（たまに社長室入り口でお別れすることも）ですが、この経営者は1階玄関まで足を運ばれ、私を見送ってくれました。

そして車窓から見る限りでは、私の姿が見えなくなるまで立っておられたようでした。正直、感動しました。

感動するとはいかなる場合か。それは納得できる範囲内の一定水準にプラスアルファがある場合でしょうか。

これまで多くの経営者にお目にかかってきましたが、ここまで丁重なお見送りをしていただいた経験は皆無です。

私も玄関までお見送りするように心がけていますが、姿が見えなくなるまでの域には達しておりません。

人間関係に律義な人との出会いは、人に丁寧に接することについて自己を律することにつながります。

打算や思惑とは無縁で純粋に仕事に取り組む人を通じ、人として信頼されるには、どのように生きていくべきかを、常に自らに問うことを忘れてはならないと思いました。「我以外皆我師《われいがいみなわがし》」。名言ですね。もちろん反面教師も含めて、です。

丁寧に人に接すること、それが、自己を律することにつながる

44 「聞く」と「話す」

私が大学教員時代に、中堅企業の「若手経営者」氏が来学されたときのことです。今年4月入社した大卒の女性正社員が退職し、来春補充採用したいので「就職先が決まっていない学生がいれば紹介してほしい」が目的でした。氏とは旧知の間柄でもあり、くだりの女性社員の採用から退職にいたるまでの経緯を詳しく伺うことができました。

氏の会社は卸売業で、メーカーから商品を仕入れてユーザー企業に卸す、いわゆる「B to B企業」です。業界では知名度の高い優良会社です。ですが、一般消費者が顧客ではないため、残念ながら広く世間には知られていません。

目下の就職状況は一見「売り手市場」です。さしたる準備もせずに就活に取り組み、有名企業に内定を得る学生も少なからずいます。氏によれば、こうした実情もあって採用にはひと苦労、合同企業説明会に参加しても学生が来ないため、某大学へ直接、推薦依頼に行ったそうです。

「筆記試験は参考程度。面接重視で、あくまでも人物本位です」「推薦をいただける学生は、一定程度コミュニケーション能力を有しているでしょうか」と確認したところ、担当職員は「本学はキャリア教育に力を入れているので、その点は大丈夫です」と自信満々に返答したそうです。

履歴書の文字が乱雑であったことには目をつぶり、面接試験で学生生活について質問したところ、やたらアルバイト経験ばかり聞かされた上、卒業論文が必修ではないことに驚いたそうです。ただ、そうは言っても背に腹は代えられず、大学の推薦もあって採用し、営業事務系の部署に配属しました。

電話応対による受注・発注業務が彼女の主な仕事だったのですが、ミスが多く、取引先からのクレームも度々あったよう。その都度、上司が謝罪と処理を繰り返しましたが、本人は嫌気がさしたのか、退職すると言いだす始末。配置転換を含めて慰留したにもかかわらず、まったく耳を貸さなかったそうです。

相手の顔が見えないだけに電話応対は奥が深く、ビジネス現場では取り返しのつかない事態にいたることもあり得ます。スマートフォンによる仲間内でのおしゃべりとは次元がまったく違うのですから。

氏は「大学ではキャリアデザインを教える以前に、せめて『聞く』『話す』ことだけでも鍛えてほしいものです」と嘆いていました。私は「今度は大丈夫ですよ。私にお任せください」と心の中でつぶやきました。

それと自戒を込めて……。教員の責任は「重かつ大」です。

キャリア開発の前に、まずはコミュニケーション能力の育成を

45 聴力（ちょうりき）

実りの秋に、食欲もさることながら、知識欲も旺盛であれば、これまた幸せです。幾つになっても常に新しい知識や考え方を吸収しようとする姿勢は必要です。謙虚に学び取る姿勢を作り上げたならば、怠惰や傲慢《ごうまん》を退治できるのではないでしょうか。

金銭欲、出世欲、名誉欲等々、「限りないもの、それは欲望」。しかるに、知識基盤社会あるいは生涯学習社会が叫ばれる昨今、自己成長を図る上からも知識欲は極めて大切です。学ぶ機会など、その気になればいくらでもあるでしょう。例えば研修会や講演会、セミナーやシンポジウムなども、工夫して時間を遣《や》り繰りすれば、参加は可能でしょう。意志あれば道あり。

年齢を重ねてくるにつれて自らの経験が邪魔をして、人の話を素直に聞かなくなるきらいがあります。それは視野狭窄《きょうさく》や硬直的発想に陥る原因の一つかもしれません。反面教師ここにあり。私も自戒して可能な限り、まずは人の話に耳を傾けることを心がけています。

もちろん時間は希少資源ですから、外部での学ぶ機会こそ吟味することが求められます。著名人や有名人が講師であっても、講演テーマが魅力的であっても、そうそうたるパネリストが勢ぞろいしても、その評価は果たしていかに。

時間厳守は大原則。講演時間や発言時間が延びる例は、少なからず。時間内で密度の濃い内容をわかりやすく伝える力量が問われます。予定時刻を過ぎても終了せず、退席者が出始めることは、望ましいものではありません。

さまつな前置きがやたら長いと、傾聴力が途切れていきます。また自慢話や裏話が単に羅列されるだけならば、辟易《へきえき》してしまいます。それらの話から導き出される普遍的かつ真理的な本質を語ってもらいたいものです。

話が拡散して焦点がぼやけてくるならば、また余談が多過ぎて核心が見失われてくるならば、集中力が損なわれ期待感が失望感に変わります。これらは博学で自信過剰な講師ほど陥りやすい罠。人間は往々にして得意なことで躓くものです。

さらに歯の浮くような賛辞を呈され得意満面な態度を示すならば、ますます感心できません。教養があって社会経験が豊富な人ほど、見え透いたお世辞には心を動かされないものです。

身銭を切って参加したものの、浅薄で中身のない内容を聞かされた場合は、何よりも悲惨です。羊頭狗肉《くにく》。竜頭蛇尾。「そんなこと俺でも話せるぞ。参加して損したよ」と心の中で叫んで後悔しても、後の祭り。

仕事力の向上を目指すならば、眼力《がんりき》とともに「聴力（ちょうりき）」も研ぎ澄まさねば。

学びの機会は、いくらでもある
ただし、学びの効果が薄い機会も、いくらでもある

46 無礼講と後悔

師走の声を聞くと何かと気ぜわしくなるものです。疾風怒濤《どとう》の1年を過ごされた方も少なくないでしょう。忘年会などでは、「きょうは無礼講です。おおいに飲んで食べて思う存分楽しんでください」と、会の主賓格の宣言で始まり、「堅苦しい話は抜きにして、ともかく今年お疲れさまでした。それでは乾杯」との流れが、一般的ですね。

しかし、無礼講の席でも序列や秩序は、今なお健在です。

私の記憶が間違っていなければ、無礼講は平安時代の貴族社会までさかのぼります。平安貴族の宴席では身分・位階によって席が固定されており、宴の間は席を移ることは許されない決まりでした。

翻って、そもそも無礼講とは、身分・位階の低い人が上席の人の元に進み出てお酌をすることが許されるという意味です。ですから、やりたい放題、言いたい放題とは、似て非なるもの。

無礼講宣言を真に受けて、「部長、今日は飲んで言いたいことをとことん言わせてもらいます」などと、酔いが進むにつれて悪態をつくまでになると最悪。見かねた同僚が「悪酔いしたんじゃないの。部長すみません。こっちにおいで」と、その場を一応、平穏無事に収める。これとて、よくある話。

やたら文句や批判の多い部下に対しても、温厚な上司ならば、「わかった。わかった」と聞き流すでしょう。でも、上司によっては、顔は笑顔でも目は決して笑っていないものですね。

無礼講の席では本音が出ても、無理からぬこと。ですが、「江戸の敵《かたき》は長崎で」かもよ。根に持つ上司の意趣返しは怖い。長幼の序と立場はわきまえなくてはなりません。

逆に、部下や後輩をいじめる陰険な上司や先輩にも困ったものです。欠点をあげつらったり、過去の仕事上の失敗を再び持ち出して、ねちねち嫌みを言ったり、くどくど説教をしたり等々、それらは無粋。酒癖の悪い上司・先輩は宴席でのアウトロー。「どんどん飲ませてつぶしてやれ」との悪魔のささやきが聞こえてくるも、君子危うきに近寄らず。適当にあしらってやり過ごしましょう。

宴会・宴席であっても、節度と理性は決して忘れてはいけません。宴の後に後悔しないためにも、「酒は飲んでも飲まれるな」。

君子危うきに近寄らず、酒は飲んでも飲まれるな

4章　これからのキャリア、それからのキャリア

47 日本語表現力

お盆明けからは夕暮れ時が早まることを実感します。私は、大学教員時代の8月前半は、非常勤講師として出講していた某大学の担当科目試験の答案採点で、何日か苦しむことになっていました。しかしながら、これが意外に面白いもので、奇想天外な漢字の書き間違いとの出会いに思わず採点の手を止め、独り笑いをしてしまうことが多々ありました。採点は進まず、時間ばかりとられてしまいました。

例えば経済分野に関する事例では、貯畜（蓄）、産業競走（争）力、関税徹（撤）廃、経済の疲幣（弊）、経済体成（制）、通過（貨）同盟等々、枚挙にいとまなしです。また貿易や発展では、易や展を正しく書くことができない学生も散見されました。

とはいえ、ほほ笑みながら減点する気持ちは複雑なものです。教育大衆化の時代であったとしても、これが広義の学力低下の実態であるならば、文部科学省が求める学士力を養っていくことなど、至難の業といえましょう。「義務教育で習ったんでしょうよ」と、ついつい答案につぶやいてしまうときもありましたね。

さらに気がかりな点は、提証（唱）、外（概）念など二字熟語での誤字が多く見られることです。言い換えれば、語彙力が低下している、または語彙が貧弱だということです。国語学の碩学《せきがく》である大野晋氏が、現代日本語においては、一定数の漢語が的確に読めてわかって使えなければ、社会生活が営めない旨の指摘をされていたことを、私は記憶しています。私のような国語学の門外漢であっても、その指摘は正鵠《せいこく》を射ていると確信します。その「社会生活」を「勉学」に置き換えても何ら違和感はありません。理解をした上で正確に記憶をして、そして活用していくという、知識習得の過程が粗雑になっているような気がします。

語彙の乱れが学びの姿勢のいい加減さを誘発しているといえるのではないでしょうか。知識基盤社会の到来が叫ばれている昨今、学びの過程を再認識することは極めて大切です。

もちろんグローバル時代を迎えて、英語力は必要不可欠であることには異論はありません。けれども、いつもながらの私の独断と偏見ですが、漢語の語彙力を主体とした日本語表現力の強化が、まずは重要でしょう。それは何も薔薇《ばら》や憂鬱《ゆううつ》のような難解な漢字が書けるようになってほしいと言っているのではありません。

薔薇の花について紹介することができること、あるいは憂鬱とはどのような状態かを説明することができることの方が、必要ではないでしょうか。日本語の習得も、いまや、語学力の教育に必要な時代なのかもしれません。

知識基盤社会の今、日本語も英語と同じく強化すべき時代になった

48 キャリア形成とあいさつ

私が非常勤講師として出講していた私立大学で、今春より職業人生の第一歩を踏み出す4年目学生から、「キャリア形成で気をつけることは何でしょうか」という質問を受けたことがありました。

あくまでも私個人の意見であると断った上で、「キャリアデザインや自己実現は否定しないけれども、まずは職場の誰からも好感を持ってもらうことではありませんか。そのためには、礼儀正しさに裏付けられた笑顔とあいさつ、そして誠実な態度が大切だと思いますよ」と、私は答えました。

その学生からは、「はあ、そうですか」と気の抜けたような返事が返ってきました。あまりにも陳腐な回答だったからかもしれません。ですが、真理は意外に単純明快。なぜならば、教育現場第二の人生で、外形に表れるあいさつが人物評価の嚆矢《こうし》であることを再確認したからです。

私は、校長を務める稚内大谷高校に出勤した日には老体にむち打って、朝7時45分〜8時25分まで校門に立って、生徒を迎えることにしています。余談ですが、冬場は風と寒さが身に染みます。

雪道を上ってくる生徒、バス停留所で降りる生徒、保護者が自家用車で送ってくる生徒など、登校の形態はさまざま。「おはようございます」と私があいさつすれば、明るく「おはようございます」と返事をする生徒には、快活さを感じます。けれども、黙礼だけの生徒には、「今朝はどうしたのかな」と思ってしまいます。

また、保護者が子どもを自動車で送ってくるとき、車内から保護者と生徒が会釈してくれるのが普通ですが、会釈がないと、「おやっ」という印象を持ちます。

バスが停車したならば、降車口の前で生徒一人ひとりに「おはようございます」と声をかけます。そして最後に、乗務員の方に「おはようございます。いつもありがとうございます」とあいさつします。

「どういたしまして」「校長先生、寒いのに大変ですね」等々、笑顔で返答してくれる乗務員さんがおられます。中には制帽を脱いで運転席から立ってあいさつをされる方もいます。私は恐縮の限り。他方、硬い表情で目礼だけの乗務員さんにも出会います。どちらが好印象を与えるかは一目瞭然でしょう。

道路を隔てた反対側の歩道を登校する児童に「おはよう」と言えば、立ち止まって大きな声で「おはようございます」と元気に応えてくれる児童と、無視する児童とに分かれます。どちらが感じ良く思えるかは明らかです。マスク着用時でもそれは変わらないことであり、あいさつは、声を媒介とした想いの交換なのです。そして、「キャリア形成に王道なし」と私は思うのです。

あいさつとは、人の声を媒介とした想いの交換

49　定年後の働き方

過日、在京のある出版社から電話取材を受けました。「シニア世代のセカンドキャリア成功の秘訣《ひけつ》」について、意見を聞かせてほしいということでした。

シニアのセカンドキャリアなどと、カタカナ語表記では、一見、定年後の世界が格好良さそうな印象を受けます。

しかし定年とは「組織が定めた年齢制限を理由にした強制解雇」と、私なりに解釈しています。教員人生の黄昏を迎えた私も「明日はわが身」ゆえ、職場の先輩のみならず、ご縁をいただいた企業や教育機関の方々の第二の人生を、それぞれ思い浮かべました。

そして、いったん組織を「解雇」された「老人」が継続雇用されたり、転身したりしたときに、組織や社会のお役に立つためには、どのような意識や姿勢で仕事に臨むべきかについて、あくまでも独断と偏見に基づいて好き勝手なことを話すことにしました。

定年後は現役時代の実績や力量、手腕も当然のことながら、本人の人間性が白日の下にさらされるのではないでしょうか。「えっ、辞めないで居座るんだ」「あれじゃ、他に行くところもないからね」等々、陰口だけは言われたくないものですね。現役時代に「威張るな、怒鳴るな、恩に着せるな」を実践したかしないかで、評判は雲泥の差となります。「お金に汚い」とのシールが貼られていれば、万事休す、でしょう。

第二の人生も組織人として送るならば、分限を「わきまえて」役割を逸脱することなく、余計な口出しは慎んで、担当業務に黙々と専念することを肝に銘じたいと考えます。控えめにしておけば、心穏やかなり。笑顔とあいさつを心がけつつ、清潔感を保つことも必要でしょう。

現役時代と同一の職場で継続雇用される場合には、かつての部下や後輩が上司となることもあるでしょう。ここは頭を切り替えて、言動に注意しつつ丁寧な対応が肝要かと思われます。

けれども、相談されたり、助言や助力を求められたりしたならば、総熱量放出で誠実に対応することです。「もらう分だけ働けばいいんだ」というような、けちな根性は捨てなくてはなりません。ボランティア精神と利他心が原動力となることでしょう。これまで蓄積した経験値や知恵に裏付けされたノウハウと、築き上げてきた人的ネットワークを駆使して、最善を尽くすほかないのではないでしょうか。

ひと仕事終えれば、これまでの感謝の想いで、年下の同僚にご馳走してあげるのも一興でしょうね。期待値を超える成果を上げても、「菊作り菊見るときは陰の人」という振る舞いこそ、セカンドキャリアの醍醐味《だいごみ》かもしれません。

「もらう分だけ働く」から、ボランティア精神と利他心を原動力へ

50 嫌われない老人

老いというものを素直に直視する。私はそうしたいと常々思います。「俺はまだ若いんだよ」などと粋がってみても、詮無《せんな》きこと。私の独断と偏見を振りかざして、老人の理想像を考えてみました。

要するに「人が寄る老人＝嫌われない老人」になることです。名探偵コナンいわく、「真実はいつも一つ」。

第一に、困った老人にならないこと。周囲に迷惑を掛けないように行動することを心がけたいと思います。自分でできることは、可能な限り自分で行い、できないことは遠慮がちにお願いする。そしてお礼は心を込めて丁重にする。

「されて当然、してもらって当然」という傲岸《ごうがん》不遜な態度は厳禁。また、自慢話や思い出話は、同輩とカラオケボックスで１９７０年代の青春歌謡でも歌えば済むのではないでしょうか。

第二に、好感を持ってもらえる老人を目指すこと。人は見た目が9割。ならば、清潔感を演出しなければなりません。おしゃれ以前に身だしなみを整える。声をかけてもらったり、話しかけてもらったりされる雰囲気を醸し出すことが大切です。

年下の人にも丁寧に接する。実ってなくても頭を垂れる。水飲み鳥の原理を忘れない。そのためには、威張るな、怒鳴るな、すねるな。いつも笑顔であいさつ励行。

第三に、カネに汚い老人にならないこと。某知事の金銭感覚にはあきれるばかり。それはさておき、常識外れの大盤振る舞いなどは論外ですが、身の丈にあった範囲で身銭を切ることを、惜しんではならないのでは。おごらせてばかりいたり、精算時に姿を消していたりするような、タカリ老人になると、お声がかからなくなるでしょう。

第四に、多少なりともお役に立てる老人になること。これまでの経験値を踏まえて、相談を受けたり、求められたりしたならば、相手に寄り添った助言や支援ができることは、自己の存在証明にもなるでしょうから。

ただし、過ぎたるは及ばざるがごとし。

身の程を知り、分限をわきまえて生きていくことで、心の平安を保つことができるでしょう。ですが、今は亡き某政治家の一句「控えめに生くる幸せ根深汁《ねぶかじる》」は、何となく暗い。私は「前向きに生きる幸せお鮨《すし》だよ」です。

職業人生の出口に向かって自分の歩幅で、ひっそりと縁と情の花が咲く、スローキャリアの小道を歩きたいものです。

困らせず、いつも笑顔で、カネには清く、役に立てる人に

51 無理強いも迎合もせずに

大学教員時代、以前からご交誼《こうぎ》いただいている地元企業の経営者から、「どういう教育理念を持って、学生の教育に携わられているのですか」という趣旨の質問を受けました。

そのとき、教員生活を始めるに際して、私が畏敬の念を抱いてやまなかった農業経済学の碩学から頂いた言葉を思い起こしました。それは「無理に売るな、客の好むものを売るな、客のためになるものを売れ」という近江《おうみ》商人の言葉を引用されながら、「教員としてその含意を熟考し、教育の心得としてください」でした。

浅学非才の身としては、「無理に教え込むな、学生に迎合して教えるな、学生のためになる教育や支援を行うべし」という程度の軽薄な解釈しかできませんでした。ですが、教員人生の黄昏を迎えても、その意識はまったく変わっていません。

教員の権威を持って教えても、教育効果はいかばかりか。学生自らが学習モチベーションを引き出して、主体的かつ能動的に学びの姿勢を持つことが必要不可欠です。もちろん、それを促すことは、教員の力量と手腕によるところが大きいでしょうが。

また、あくまでも私見ながら、最近の学生は深く思考することなく、早急に解答と結果を求めたがる傾向にあります。教員は、安易な解法のテクニックの伝達に走ってはいけませんね。

そして、いくら教員が善かれと思って注意や助言をしても、学生が受け入れてくれなければ、教員の努力は水泡に帰します。ですから、学生が共感的理解から納得するまでの道筋をつけなければなりません。ここは信頼に基づく対話が必要で、教員の人間性が問われます。

経営者である氏には、教育理念ほどの崇高なものではないという言い訳も込めて、前述したような軽薄な解釈が、教員としての私の生き方である旨を返答しました。私の予想に反して、なぜか氏は興味を持たれて、「新入社員と懇談してほしい」との依頼を受けました。強制ではなく任意参加であること、気楽に話す場であることを条件として引き受けました。

彼ら彼女らの「そうなんですか」「知りませんでした」という驚嘆の声からは、人間関係の中で仕事を進めていくための「知恵」に飢えている印象を受けました。他方、「なぜですか」「どうしてですか」という素朴な質問からは、職業社会を意識した家庭教育や学校教育が不十分であることを再認識しました。

職業人としての一歩を踏み出した新人に、こざかしい処世術とは無縁な、謙虚、誠実、情熱、律義の大切さを、さりげなく伝えることは、老教員の仕事と思った次第です。

人間関係の中で仕事を進めていく、そのための「知恵」に若者は飢えている

52 バカにした接客

大手カード会社に電話で問い合わせをした時のことです。音声ガイダンスに導かれるままに、必要な番号を入力しましたが、なかなか担当者につながりません。

「大変お待たせしております。係におつなぎします。しばらくお待ちください」という自動音声が繰り返されるばかり。このご時世、オペレーターの人員不足の影響もあるのでしょうか。そのまま待つことにしました。

何分かすると、今度は軽快な音楽が流れてきました。「早く出てくれよ」と次第にイライラを募らせていた私には、その軽快さがどうも無神経に感じられました。

その次には、「ただいまお待たせしておりますが、もうしばらくお待ちください」という、無機的な音声が聞こえてきました。「バカにするな」。思わず心の声が口をついて出てしまいました。

この3点セットの自動反復をさんざん聞かされた後、ようやく担当者が電話口に登場しました。

その第一声が、またまた「お待たせいたしました」。その後は終始一貫して事務的な対応でした。敬語を乱発するばかりで、まったく真心が感じられませんでした。接客は、イギリスの経済学者アルフレッド・マーシャルの言葉どおり、「クールヘッド、ウォームハート(冷静な頭脳、されど温かい心)」が肝要と、再認識させられた次第です。

電話とは恐ろしいものですね。顔が見えないがために、なおさら声の調子や高低、はたまた話す速度に耳を研ぎ澄ましてしまう。

長々と待たされた後で、誠意なき紋切り型のやりとりにはあきれてしまいました。ここはキレる老人にはならないように、努めて冷静に話しました。学生指導と同様に、感情を表情や声に出すことなく、一に忍耐、二に忍耐と、自分に言い聞かせながら……。

コロナ禍を契機に、非接触・非対面が当たり前のように普及し、日常生活や仕事における従来の無駄や非効率が見直されたことは、もちろん良かったと思います。

ただ、何事も、デジタル化やマニュアル化によって、効率性や合理性を徹底的に追求していく現状に目を向けると、簡便さの帰結として、じかに接して初めてわかる人情の機微や人様の心の温かみ、人との絆が薄れていくようにも見え、一抹の寂しさを禁じ得ません。

このようなセンチメンタリズムは時代錯誤かもしれません。けれども、フェース・トゥ・フェースでの、心を通い合わせる触れ合いや会話こそ、この冷え切った時節に、ほのぼのとした温《ぬく》もりをもたらしてくれるのではないでしょうか。

効率性や合理性の追求は大事だが心の温かみを大切にし続けたい

53 高校生と公共心

地下鉄車内で両手に荷物を持って立って乗車をしていたときのことです。

目の前に座って参考書で勉強していた高校生が席を譲ってくれました。制服を見れば、どこの高校かは一目瞭然。仕事に疲れた老サラリーマンと思って、同情してくれたのでしょうか。せっかくの厚意を無にするのも気が引けます。

「まだ年ではないので、結構」とか「大丈夫、大丈夫」なんてことは、私はみじんたりとも思いません。達観の域には達していなくとも、老人の身ゆえ、老いていくことを素直に受け入れることにしています。

「ありがとうございます」とお礼を言って座ると、その高校生はほほ笑んで、立ったまま参考書に目を通していました。彼のさわやかさと親切は、正直うれしかったですね。

そうした体験からも私は、わざわざ優先座席など設ける必要はないのではと思います。

すべて普通座席で良いのではないでしょうか。もちろん健常者が座っても何ら違和感はありません。

けれども、高齢者や妊婦さん、あるいはお手伝いが必要な方がおられれば、誰もが自発的に席を譲ることができる社会になってほしいものです。それが人に優しい社会の真の姿だと思うのです。「ゆたかな社会」は、「心のゆたかさ」があってこそ成り立つものです。

ところでその日、反対側の座席に他校の高校生が2組、乗り合わせていました。1組は女子高生の2人。これほどまでに制服を着崩すことができるのかと逆に感心した次第。2人とも手鏡を持って穴の開くほどのぞき込んだり、ヘアブラシで髪をすいたりしています。それからお化粧の始まり。「今からお店にご出勤ですか」と尋ねたい雰囲気でした。

もう1組は、男子の部活動生2人。ジャージー姿にスポーツバッグでしたが、振り向いた際に背中の高校名は読み取れました。おなかが空《す》いたのか、パンを熱心にかじりながらスマートフォンを操作していました。左手にパン、右手にスマホ。まさに「両刀遣い」ですね。

「外形に表れることは評価につながる」とは、真理。好感を持ってもらえるか、逆に不快感をあおったり、軽蔑の対象となったりするかは、すべて他者の見る目で決まります。

残念ながら、一部分で全体が評価されてしまうことが往々にしてあります。学力向上もさることながら、やはり公共心や道徳心の教育も不可欠では、と思うのです。

好感、不快感、軽蔑……社会ではやはり、他者の見る目で決まる

54 「就活」と言葉の乱れ

前職の大学教員時代のこと。3年生の就職活動が少しずつ本格化する中で、他学部や他大学の学生から、縁あってエントリーシートや履歴書の添削指導の依頼を受けることもありました。

学生が書いた文章を読んでいると、ついつい立ち止まってしまいます。その理由として、話し言葉と書き言葉の区別が曖昧になってきていることが挙げられます。

「部活と勉強の両立で濃い日々を過ごしています」という表現に出会ったこともあります。就活は言うに及ばず、婚活、はたまた妊活も一般化してきているようです。

省略形は花盛り。けれども「部活」は、部活動あるいは課外活動と書くべきでしょう。アルバイトをバイトと書いてしまうことは論外ですね。

蛇足ながら、勉強よりも勉学の方が、大学生らしい表現との印象を持つのは、私だけでしょうか。

それはさておき、「濃い日々」に私は戸惑ったのです。

「濃い日々」とは、おそらく「充実した日々」等の意味でしょう。例えば手元にある『例解新国語辞典第九版』によれば、「濃い」の意味は、色や味の度合いがつよい（用例 濃い緑色。塩味が濃い）、濃度や密度がたかい（用例 濃いきり）、程度がたかい（用例 みこみが濃い。敗色が濃い、血のつながりが濃い。しだいに不安が濃くなる）と説明してありました。やはり私は納得しかねます。

「……したいです」「……になりたいです」という希望・願望の文末も多く見られます。何か「僕の夢・私の夢」を課題にした小学生の作文を思い出します。それらは大学生として幼稚な表現ではないでしょうか。

ちなみに感嘆の意を表す語であった「かな」は、現代では疑問や願望の意味が中心的であって、しかも〈○○できたらいいかな、と思う〉ように願望の意味が乱発されている傾向にあるそうです（「北海道新聞」２０１３年11月4日付「卓上四季」）。

また、ある女子学生の模擬面接をしていて、「あなたの性格について話してください」

と聞いたところ、「私の性格は姉と真逆で……」との答えが返ってきました。「真逆」も会話では頻繁に使われるようになっています。でもやはり「正反対」という語を使う方が自然なような気がしてなりません。「……だけど、」「……。なので、」も語尾を強めると、聞き手は違和感を覚えてしまいます。

日常的に活字を丹念に読まないことには、書くことや話すことの基礎がつくられないのではないでしょうか。生活教養の教科書としての新聞にもまだ出番はあるように思うのです。

丹念に活字を読むことで、書く・話すの基礎がつくられる

55 成果は「意欲×方法×努力」

3月5日の公立高校入学試験日に、ボランティア講師として、高校1年生の学習のお手伝いを体験したときのことです。

出張講義等でご厚誼いただいている先生から、「入試日は登校禁止ですので、勉強したい生徒に学習機会をつくっていただければありがたいのですが」との相談を受けたことが契機でした。

そこで、一般社団法人未来教育サポートのご支援をいただいて、「日本語表現法特別講座」と銘打って、開催の運びとなりました。

会場は札幌市中央区の紀伊國屋書店札幌本店のご好意に甘えて、無償提供していただきました。札幌だけでなく小樽の高校生も参加して、私の教育理想である寺子屋規模の16人と勉強しました。

私にとっては、貴重な経験となりました。午前100分、午後100分の授業でしたが、誰一人寝ることや欠伸《あくび》することもなく、ずっと真剣に耳を傾けてくれました。自らが学びたいという意欲を持って参加してくれた結果です。やらされ感ゼロの時間。単位取得のためだけに出席している、不真面目な大学生相手の講義より充実していました。

勉学や仕事の成果は、「意欲と方法と努力の掛け算」で出るのではないでしょうか。能力もさることながら、強い前向きな意欲を持って正しい方法で、地道な努力を丹念に積み重ねていくならば、かなりの成果が期待できるのではないでしょうか。

もちろん私は、有名予備校のカリスマ講師のように神業的な受験テクニックを伝授する力など、持ち合わせていません。「こんな学び方もあるよ」と、紹介した程度でした。

ですが、受講生からは、「普段の授業とは全然違うなと思いました。

いつも点数を取るためだけに勉強していたけれど、これからは将来のためにがんばろうと思います」「絶対に高校では学ぶことのできないことだったので、とても参考になり、今後に生かしていけることばかりで、面白かったです」「今まで国語は国語の力だけ養えばいいと思っていましたが、現代社会や世界のことなど、さまざまな知識を持っていることが文章を書く力につながるんだなと思いました」など、意外にも好意的な感想を寄せてくれました。

論術力や読解力を伸ばすことは、単に進学準備のためだけでなく、社会生活を営む上でも不可欠です。視点を変えた学習方法に気付いてもらうことや、勉強の面白さを感じてもらうことに、多少なりともお役に立てたようでした。

そして私は、望外な無形の報酬をいただくことができた、と実感しました。

論述力や読解力こそ、社会生活を営む上で不可欠になる

56 就業力と自分づくり

前職の大学教員時代のことですが、札幌市の「フレッシュスタート塾事業」開始に際して講義を担当させていただいたことがありました。

この事業は2014年度から始まった札幌市独自の研修事業で、新卒未就職者の早期の正社員就職を支援する事業でした。その特徴的な点は札幌市の単独予算で運営され、雇用推進部（当時）の管理職・職員自らが学校訪問や企業訪問を行うだけでなく、研修講師も担当することです。

また、事業全体を委託事業者に丸投げすることなく、雇用推進部が研修内容に主体的に関与していました。

地域活性化や地域創生を目指すならば、その人材養成も地域主体で担わなければなりません。何よりも地方自治体の本気度と効果的な政策が求められます。

就職内定率が上昇しつつある状況にあって、卒業までに就職が決定しなかったことは挫《ざ》折《せつ》の一つかもしれません。また、一足早く職業生活を送り始めた友人と比べて劣等感に苛《さいな》まれるかもしれません。

けれども、さしたる準備もすることなく内定を得て就職したところで、定着して働き続けることができる保証はありません。

失敗を繰り返しつつも何とか生き抜いてきた私から見れば、職業社会への移行が少々遅れても、正道を着実に歩むことの大切さを再認識することは、これからの人生にとって極めて有意義です。

バスに乗り間違えた新人さんも少なからず。北海道は全国平均よりも新卒の離職率が高い地域です。

バスに乗り遅れたならば、次のバスに乗ればよし。今回の事業では、札幌市が臨時バスをガイド付きで出してくれます。行政のセーフティーネットに感謝すべきでしょう。

自信を持って働き続けるためには、「自分づくり」が必要不可欠。そのためには一定の基礎学力を養うこと、人間性を豊かにすること、社会人の一員になる準備をすることが、肝要です。意志あれば道あり。ただ積み重ねあるのみ。

青春の蹉跌《さてつ》ではなく、反省・改善・進歩・成功という過程を踏んだ就職活動を体験できる場が与えられたと考えるべきだと、私はこれまで訴えてきました。

就業力を向上させるためには、社会人基礎力を伸ばしていくことが求められます。

謙虚に学ぶ姿勢を忘れることなく意欲的に取り組んでいくならば、必ずや就職の機会が巡ってきます。正しい努力は決して裏切らないものです。

反省、改善、進歩、そして成功
謙虚に学び、正しく努力する

57 若者と社会性

本州の大手企業の札幌支店長から、4月入社の新人がわずか3カ月で辞めてしまったという愚痴を聞かされました。事前に上司への相談はなく、引き継ぎにも時間をかけることなく、あくまでも自分の都合を押し通して辞めたそうです。

退職理由は、意に反した仕事を与えられて自信がなくなり、親も嫌なら辞めればいいのではとの意見で、他にやりたいことも見つかったという弁解めいたものだったそうです。支店長は「うちの人事部に見る目がなかったのか。それとも私の不徳の致すところですかねえ」と自嘲気味につぶやいていました。

これとて「売り手市場における新卒一括採用の副作用」かもしれません。言い換えれば、イメージギャップとリアリティ・ショックの相乗効果に、親の安易な転職の許容という触媒が機能したともいえるでしょう。

もちろん原因があって結果があるのですから、縁あって採用した企業側も入社後の新人の言動をたどって、退職に結びついたかもしれない兆候を改めて見つけ出し、組織として改善すべきは改善しなくてはなりません。

とは言っても、退職した新人も決して褒められたものではありませんね。自分さえ良ければいいといったミーイズムの極致でしょうか。それは、学生時代に「社会性」が十分に養われていないことの裏返しでもあります。多様な関係性や異なる価値観の中で仕事をしていくためには、社会性が必要不可欠なのです。

社会性の有無は、家庭教育や家庭環境にも左右されるものの、自身の内に「行動の原理・原則」を確立しているか否かが分岐点ではないでしょうか。行動の原理・原則が備わっていないと、選択基準や判断基準が乏しいために、目の前の出来事に対してやみくもに対応してしまいます。また失敗した時には、何を修正すべきかを把握できず、結局は同じ過ちを繰り返します。

他方、行動の原理・原則が一定程度備わっていれば、学習活動だけでなくさまざまな課外活動を通して得られた多くの体験から、その原理・原則を精緻化したり、高度化したりして、社会性を高めていくことができます。

たとえ現状の行動原理・原則に従って失敗したとしても、謙虚さと素直さがあるならば、その失敗を糧として修正を加えていくことができるでしょう。

あくまでも私見ながら、学生時代の特権とは、失敗が許されることではないでしょうか。

一介の老私学教員としては、就職活動に向けた知識・スキル・ノウハウを提供することもさることながら、行動の原理・原則を固める支援を意識していくよう心がけました。

社会性を養うには、まず行動の原理・原則を自身の内に確立することを心がけたい

58　学習歴社会へ

学生の就職活動の時期になると、内定獲得に向けて活動を続けていたり、内定獲得後も妥協せずに活動を停止しなかったり、公務員志望から方向転換して新たに活動に着手したりと、さまざまな思いで活動に取り組む学生の姿が目に浮かびます。

周囲からの助言に耳を傾ける謙虚さも必要です。ただし、自分自身の人生ゆえ、他者と比べることなく最終的には自らの意思で、賢明な選択と決定をしてほしいもの。

就職活動で大学生が苦労するのは、自己分析もさることながら、やはりエントリーシートの作成ではないかと思います。「学生時代に力を入れたこと（打ち込んだこと）」「自己PR」、あるいは「志望動機・志望理由」「どういう仕事がしたいか・どういう社員になりたいか」あたりが手ごわい項目でしょうか。

まず、「学生時代に力を入れたこと（打ち込んだこと）」「自己PR」は、勉学で努力した経験を紹介すべきだと思います。何のために大学に進学したのかを顧みてほしいものです。サークル活動やアルバイト経験だけで埋めるのでは、残念至極。

長年学生の就職支援に携わってきた、あくまでも一介の老教員の私見ですが、日本企業の新卒採用は、専門スキルを重視した「ジョブ型」は拡大途上であり、依然として、潜在能力や将来性に期待した「ポテンシャル採用」であり、職務内容を細かく限定しない「メンバーシップ型」がいまだ主流ではないでしょうか。

ただし、「学業への評価」は強まりつつあると推察します。大学名を選考基準として重視するよりも、在籍大学でどのようなことを学んで、どのようなことができるようになったのかが、問われるようになってきているようにも思えます。

「志望動機・志望理由」「どういう仕事がしたいか・どういう社員になりたいか」は、学生が何を求めてどういう見方、考え方をしているのかを、企業が知るために聞いていると、私は考えます。それは自分の言葉で語るべきものです。しかし、どう書けば高評価になるか、そればかり気にする学生は少なくありません。

昨今、知識基盤社会や生涯学習社会の到来が叫ばれていますが、これは学校歴社会から学習歴社会への移行ともいえるのではないでしょうか。時間をかけて主体的に深く学び、ネットの限界を熟知している学生ならば、インテリジェンスがビジネスの付加価値となることを認識しています。

思考することなく安易に正解を求める姿勢は、点数主義が根強い日本の学校教育全体の問題でしょうね。

学校歴から学習歴へ
安易に正解を求めず、思考を深める姿勢を

59 「年賀状」考

師走の声を聞くと、「今年も後わずか」を実感します。光陰矢《こういんや》の如《ごと》しという感慨深さもさることながら、気ぜわしくなってきます。

クリスマスカードや年賀状を書いたり、クリスマスプレゼントやお歳暮を思案したり、おせち料理を予約したりと、師走ならではの用事が何かとあります。これらを残業あるいはクリスマス・パーティーや忘年会の合間を縫って、片付けていかなければなりません。ましてや人間関係が多岐にわたっている人ほど、忙殺状態になります。

虚礼廃止は時の流れ。加えて郵便料金の値上げは、ますます年賀状廃止を加速させるでしょう。お歳暮なども自粛の雰囲気があります。簡素化に慣れてしまえば、これほど気が楽なことはありません。その半面、人情味が薄れていくのでは、とも危惧します。

電子メール全盛時代にあっても、はがきの年賀状は縁や絆を確かなものとします。

「しばらく会ってないけれど、達者だろうな」「退職されてもお元気かなぁ」「本当にお世話になった1年だった」等々、それぞれ思いを馳せながら、相手の住所と名前を丁寧に書き、そして直筆の添え書きをすることは、自らを省みる一助となります。

また新しくお付き合いが始まった人が多ければ、書く枚数も増えるでしょう。

手間暇かけた年賀状は、幸せの証しの一つ。逆に、そのような年賀状を拝受することも、幸福の一枚。もちろん年賀状の意味合いは各人の価値観の問題であって、書かない自由もあるでしょう。ですが、書くならば寒い季節ゆえ、温かみを届けてほしいと望みます。それこそ「好縁社会」(堺屋太一)のたまもの。

年賀状も人生同様、いろいろ。表書きにシールを貼られた年賀状はダイレクトメールと錯覚してしまう「形式年賀状」。何か一抹の寂しさも。パソコンで打ち出された宛名に誤字があっても長年訂正がない「放置年賀状」。ちなみに私の名前のうち「孝」を「考」のまま10年以上いただいている年賀状が多数あります。

郵便番号の印字がずれている場合は、失礼ながら「未調整年賀状」。郵便番号を最大限活用して区まで省略されている「宛先リストラ年賀状」は究極の合理化の成果です。差出人不明の「匿名年賀状」は鑑識課がないゆえ、惜しみつつ忘却の彼方《かなた》へ。

一枚入魂の気持ちを持って年賀状を書くことは、ルーティーンに埋没しないクリエーティブをよみがえらせてくれます。

年賀状にも人柄が出ると考えるならば、忙しいときほど、心を込めて丁寧に描きたいものですね。

一枚入魂で丁寧に書く
そこに、人柄が出る

謝辞

２０１２年４月が連載デビューでした。以前から取材でお世話になっていた北海道新聞社の荻野貴生氏（現・同社くらし報道部編集委員）から、『北海道新聞』夕刊への執筆依頼があり、教育や仕事がテーマならば、少しはお役に立てるかなとの思いでお受けしました。それから、「水曜コラム　ひらさんの異論 暴論 青論」をほぼ月１回の割合で執筆することとなりました。

当初は道央圏地区の夕刊だけに掲載されていましたが、徐々に道内各圏の夕刊にも掲載されるようになり、そして全道の夕刊に掲載されるようになりました。２０２２年３月に大学教員生活に終止符を打ち、同年４月に日本最北端の私立高校である稚内大谷高等学校に勤務してからも執筆が続きました。

2023年9月末をもって夕刊が休刊となるまで、なんと11年をこえる長期の連載に。コラムニストでもエッセイストでもない素人筆者でしたが、多くの読者の方々に支えられてきたことに感謝申し上げる次第です。

この拙文を、「ぜひ、本にしてほしい」との声も多々いただき、その声になんとか応えたいとの思いから、前著『リーダーが優秀なら、組織も悪くない』の出版元（PHP研究所）にご高配を賜りました。同社社長の瀬津要氏はじめ、出版の労を厭わずにご尽力いただいた常務取締役の永田貴之氏、連載原稿の中から59編を厳選してくださったコンテンツ総局の藤木英雄氏に、衷心よりお礼申し上げます。

また、40年の長きに渡ってご交誼いただいている株式会社紀伊國屋書店顧問の市川晶裕氏には今回もお力添えいただきました。深謝申し上げる次第です。

最後になりますが、一介の老私学教員の駄文を読んでくださる方々に御礼申し上げます。仕事人生に思いを馳せる皆様の心に多少なりとも届くならば、望外の喜びです。

PHP新書
PHP INTERFACE
https://www.php.co.jp/

平岡祥孝［ひらおか・よしゆき］

学校法人稚内大谷学園稚内大谷高等学校校長。1956年、大阪生まれ。北海道大学農学部農業経済学科卒業、同大学院農学研究科修士課程修了。九州大学博士（農学）。農業経済学専攻。静修短期大学（現札幌国際大学短期大学部）、北海道武蔵女子短期大学、札幌大谷大学短期大学部勤務を経て、2012年4月、札幌大谷大学社会学部教授、2022年4月より現在に至る。2001年、『英国ミルク・マーケティング・ボード研究』（大明堂）にて、日本消費経済学会学会賞受賞。他著書に『リーダーが優秀なら、組織も悪くない』（PHP研究所）等。

PHP新書 1416

組織と仲間をこわす人、乱す人、活かす人

仕事は必ず誰かが見ている

二〇二五年一月十日 第一版第一刷

著者――平岡祥孝
発行者――永田貴之
発行所――株式会社PHP研究所
東京本部――〒135-8137 江東区豊洲5-6-52
ビジネス・教養出版部 ☎03-3520-9615（編集）
普及部 ☎03-3520-9630（販売）
京都本部――〒601-8411 京都市南区西九条北ノ内町11
組版――有限会社エヴリ・シンク
装幀者――芦澤泰偉＋明石すみれ
印刷所
製本所――大日本印刷株式会社

ISBN978-4-569-85854-8

ＰＨＰ新書刊行にあたって

「繁栄を通じて平和と幸福を」（PEACE and HAPPINESS through PROSPERITY）の願いのもと、ＰＨＰ研究所が創設されて今年で五十周年を迎えます。その歩みは、日本人が先の戦争を乗り越え、並々ならぬ努力を続けて、今日の繁栄を築き上げてきた軌跡に重なります。

しかし、平和で豊かな生活を手にした現在、多くの日本人は、自分が何のために生きているのか、どのように生きていきたいのかを、見失いつつあるように思われます。そして、その間にも、日本国内や世界のみならず地球規模での大きな変化が日々生起し、解決すべき問題となって私たちのもとに押し寄せてきます。

このような時代に人生の確かな価値を見出し、生きる喜びに満ちあふれた社会を実現するために、いま何が求められているのでしょうか。それは、先達が培ってきた知恵を紡ぎ直すこと、その上で自分たち一人一人がおかれた現実と進むべき未来について丹念に考えていくこと以外にはありません。

その営みは、単なる知識に終わらない深い思索へ、そしてよく生きるための哲学への旅でもあります。弊所が創設五十周年を迎えましたのを機に、ＰＨＰ新書を創刊し、この新たな旅を読者と共に歩んでいきたいと思っています。多くの読者の共感と支援を心よりお願いいたします。

一九九六年十月

ＰＨＰ研究所

PHP新書

［経済・経営］